Mosaik
bei GOLDMANN

Buch

John Gray zeigt, wie Männer und Frauen einander besser verstehen und achten lernen. Ihre für das jeweils andere Geschlecht oft so rätselhaften Verhaltensweisen werden so vertrauter und das Zusammenleben immer liebevoller.

Autor

John Gray ist ein international bekannter Paar- und Familientherapeut. Auch bei dem deutschen Lesepublikum hat sich der Autor durch seine zahlreichen Titel über Partnerschaft und Liebe einen Namen gemacht. Gray lebt mit seiner Frau und seinen drei Kindern in Mill Valley, Kalifornien.

http://www.marsvenus.com

Von John Gray außerdem bei Mosaik bei Goldmann :

Männer sind anders. Frauen auch. (16107)
Mars, Venus & Eros (16126)
Mars, Venus & Partnerschaft (16134)
Auseinander geliebt (14114)
Mars liebt Venus. Venus liebt Mars. (16167)
Mars & Venus (16194, 16400)
Mars sucht Venus. Venus sucht Mars. (16387)
Jeden Tag mehr Liebe (16245)
Männer sind vom Mars (16403)
Frauen sind von der Venus (16405)
Leidenschaft lebendig halten (16411)
Mars & Venus neu verliebt (16501)

JOHN GRAY

Das kleine Buch der Liebe

Mosaik
bei GOLDMANN

Die vollständige Ausgabe ist unter dem Titel »Jeden Tag mehr Liebe«
als Goldmann Taschenbuch Nr. 16245 lieferbar.

Umwelthinweis:
Alle bedruckten Materialien dieses Taschenbuches
sind chlorfrei und umweltschonend.

Gekürzte Taschenbuchausgabe Mai 2002
Wilhelm Goldmann Verlag, München,
ein Unternehmen der Verlagsgruppe Random House GmbH

Originaltitel: Men Are From Mars, Women from Venus –
Book of Days
Originalverlag: HarperCollins, Inc., N.Y.
Umschlaggestaltung: Design Team München
unter Verwendung folgender Fotos:
Umschlag: Zefa/SIS
Illustrationen: Gabriele Dünwald
Layout und Satz: Rita Gerstenbrand
Druck: GGP Media, Pößneck
Verlagsnummer: 16461
Kö · Herstellung: Max Widmaier
Printed in Germany
ISBN 3-442-16461-3
www.goldmann-verlag.de

1 3 5 7 9 10 8 6 4 2

Vorwort

Eine Beziehung gleicht einem Garten, in dem gejätet und gesät wird und der regelmäßig gegossen werden muss, um zu gedeihen. Wann und wie oft, das bestimmen der Naturkreislauf und die Launen des Wetters. Ebenso müssen wir, um den Zauber der Liebe zu bewahren, ihre Jahreszeiten kennen und ihre besonderen Bedürfnisse erfüllen.

Wir müssen uns auf diese Jahreszeiten der Liebe einlassen, um unsere Beziehung zu einem Erfolg zu machen. Manchmal fällt es uns leicht zu lieben, zu anderen Zeiten erfordert es Geduld und Mühe. Manchmal geht uns das Herz über vor Liebe, dann wieder fühlen wir uns leer und ausgelaugt. Wir dürfen von unserem Partner nicht ständig erwarten, dass er uns gleich bleibend liebt und stets der perfekte Liebhaber ist, aber auch uns selbst gegenüber sollten wir Verständnis aufbringen und nicht immer von uns erwarten, dass wir uns an alles erinnern, was wir über liebevolle Zuwendung gelernt haben. Zu diesem Lernprozess gehören nicht nur Zuhören und Ausprobieren, sondern auch Vergessen und Neu-Erinnern.

Wenn Sie sich das nächste Mal vom anderen Geschlecht enttäuscht fühlen, denken Sie daran, dass Männer vom Mars, Frauen aber von der Venus kommen. Auch wenn Sie sich an nichts sonst erinnern, wird Ihnen das Wissen, dass wir von Natur aus unterschiedlich sind, helfen, liebevoller zu sein. Werfen Sie Ihre Vorwürfe, Werturteile und ewigen Forderungen nach und nach über Bord – dann sind Sie in der Lage, die liebevolle Beziehung, die Sie brauchen und verdient haben, zu verwirklichen.

Die Liebe frisch erhalten

Mit der Zeit erscheint uns unser Partner als Selbstverständlichkeit. Männer führen ihre Frauen nicht mehr aus und machen ihnen keine Komplimente mehr, Frauen wissen die Kleinigkeiten, mit denen der Mann ihnen das Leben erleichtert, nicht mehr zu schätzen. Nach den Flitterwochen drängt sich der Gedanke auf, der Partner fühle sich automatisch geliebt. Wir bemühen uns nicht mehr darum, dem anderen auf verschiedenste Weise unsere Anerkennung zu zeigen.

Eine kluge Frau kann dem entgegenwirken. Sie zeigt Freude über seine Versuche, ihr zu gefallen. Sie stürzt sich nicht auf seine Fehler, sondern würdigt seine Bemühungen, ihr zu helfen. Ein kluger Mann schenkt ihr immer wieder kleine Liebesbeweise, die ihr zeigen, dass sie für ihn etwas Besonderes ist. Er denkt an ihre Bedürfnisse und Wünsche und plant gelegentlich Verabredungen und kleine romantische Eskapaden, die ihr zeigen, dass sie geliebt wird.

Eine Beziehung aufbauen

Vier Verhaltensweisen sind wichtig, um eine Beziehung aufzubauen, die beiden Partnern Zuwendung und Erfüllung bietet:

1. Sinnvolle Verständigung – Kommunizieren Sie mit dem Ziel, den anderen zu verstehen und sich selbst verständlich zu machen.
2. Wahres Verständnis – Entwickeln Sie Verständnis, Anerkennung und Respekt für die Unterschiede zwischen uns.
3. Aufgeben von Verurteilungen – Bauen Sie negative Werturteile über sich und andere ab.
4. Verantwortung übernehmen – Tragen Sie gleichermaßen Verantwortung für die Früchte der Beziehung, und üben Sie sich im Vergeben.

Diese vier Schlüsselsätze öffnen Ihnen die Türen zu Ihren Fähigkeiten, Liebesbeziehungen aufzubauen und Ihre Hoffnungen und Träume zu erfüllen. Sie helfen Ihnen zu erkennen, warum es bislang in Ihren Beziehungen zu Problemen kam, und bieten Ihnen eine Grundlage für zukünftige stabile und befriedigende Beziehungen.

Frauen genießen es, begehrt zu werden

Je mehr eine Frau sich tagtäglich um andere kümmert und sorgt, desto weniger wird sie sich ihrer selbst und ihrer eigenen sinnlichen Wünsche bewusst. Sie mag die Gefühle anderer Menschen kennen, nicht aber ihre eigenen.

So wie ein Mann Gefühle verdrängt, vergisst eine Frau ihre sinnlichen Wünsche und Sehnsüchte. Die Anforderungen des täglichen Lebens und Überlebens drängen ihre tief vergrabenen, sinnlichen Wünsche in den Hintergrund. Je mehr Druck und Anforderungen auf sie einstürmen, desto schwerer wird es für sie, sich zu entspannen und einfache Freuden des Lebens zu genießen.

Für den Mann ist der Höhepunkt die Erfüllung seiner Wünsche; für die Frau liegt die Erfüllung vielmehr im Vorspiel und im Sich-Entspannen danach.

Liebevolle und aufmerksame Zuwendung vonseiten des Mannes schenkt der Frau die Freiheit, sich selbst wieder zu erleben. Erst wenn eine Frau für eine Zeit lang dem Zwang, sich um andere kümmern zu müssen,

entfliehen kann, kann sie ihre eigene Sexualität wieder neu entdecken, und sie öffnet sich gegenüber dem Mann, der ihr zärtlich all ihre Wünsche erfüllt.
Unter der zärtlichen, liebevollen und sinnlichen Zuwendung, nach der sich die weibliche Facette in ihr sehnt, beginnt eine Frau, wieder sexuelle Bedürfnisse zu empfinden. Manchmal scheint es, als wüsste sie gar nicht, dass sie diese Anregung auch will, bevor sie sie erfährt. Ein Mann, der es vermag, einer Frau das zu geben, was sie braucht, hilft ihr, ihre Bedürfnisse zu entdecken. Dann erst wird sie nach mehr verlangen.

»Ist da nicht einem Teil von dir nach Sex zumute?«

Wenn eine Partnerin nicht weiß, ob sie Sex haben will oder nicht, sollte der Mann nicht aufgeben, sondern fragen: »Ist da nicht einem Teil von dir nach Sex mit mir zumute?«
Fast immer wird sie ja sagen. Er wird sich sogar wun-

dern, wie schnell sie ihm antwortet: »Ja, einem Teil von mir ist immer nach Sex mit dir zumute.« Das ist natürlich Musik in seinen Ohren.

Aber dann wird sie anfangen, all die Gründe aufzuführen, warum sie nicht will. Es könnte heißen: »Ich weiß nicht, ob wir genug Zeit haben. Ich muss noch Wäsche waschen und Besorgungen erledigen.« Oder sie sagt vielleicht: »Ich weiß nicht, ob ich will. Ich habe gerade so viel um die Ohren. Ich sollte lieber erst das hier zu Ende bringen.«

Bei einer Frau bedeutet »Ich weiß nicht« kein kategorisches »Nein«.

Während sie weiterspricht, sollte er nicht vergessen, dass sie nicht nein gesagt hat. Sie will sich nur aussprechen, sich klar werden, was sie wirklich will. Häufig wird sie nach einigen Begründungen, warum sie gerade nicht in Stimmung ist, umschwenken und sagen: »Machen wir's.«

Wenn er das Anderssein einer Frau nicht versteht, fühlt ein Mann sich leicht zurückgewiesen, wenn sie darüber redet, warum sie nicht weiß, ob sie will oder nicht. Wenn er aber hört, dass ein Teil von ihr will, fällt es ihm leichter zu verstehen, warum ein anderer Teil von ihr nicht will. Selbst wenn sie am Ende zu dem Schluß kommt, dass sie nicht will, ist es möglich, dass sie sagt: »Was hältst du von einem Quickie? Nächstes Mal können wir uns dann ja mehr Zeit nehmen.«

Die Gezeiten der Leidenschaft

Natürlich kennt auch die Woge der Leidenschaft Ebbe und Flut. So wie es normal ist, dass man manchmal keine Liebe für seinen Partner empfindet, ist es auch normal, dass man sich manchmal sexuell nicht von ihm angezogen fühlt.

Wenn Sie keine sexuelle Anziehung fühlen, ist das wie ein wolkengrauer Tag ohne Sonne.

Ein grauer Tag heißt nicht, dass die Sonne nicht existiert, sondern nur, dass sie hinter Wolken versteckt ist. An solchen Tagen klopft die Versuchung an unsere Tür. Wenn in einer Beziehung die Anziehungskraft blockiert ist, fühlen wir uns oft von jemand anderem angezogen. In solchen Momenten sollte man sich keine Sorgen machen und lieber die Initiative ergreifen, anstatt sich frustriert zu fühlen. Sexuelle Befriedigung ist die

Grundlage für ein gesundes Sexualleben, und leider erstickt unsere sexuelle Anziehungskraft gelegentlich durch eine zu große Abhängigkeit von unserem Partner. Um wieder Öl auf die Flammen zu gießen, müssen wir unsere Bedürfnisse manchmal auch ohne unseren Partner stillen.

Liebe auf den ersten Blick

Es kommt vor, dass eine Frau in einem Mann etwas sieht oder zu sehen glaubt, das in ihr eine Woge des Vertrauens bewirkt, und sie das Gefühl hat: »Das ist der Mann meiner Träume; er ist genau der Richtige für mich.« Es ist, als stünde sie unter einem Bann. Sie verhält sich so, als bekäme sie bereits alles von ihm, was sie sich je wünschte. Was er auch tut, sie begegnet ihm mit Liebe. Dieser Zustand der Erregung bringt sicherlich das Beste in ihr zum Vorschein und macht sie sehr attraktiv, er kann jedoch auch bewirken, dass der Mann sich weniger von ihr angezogen fühlt.
Sie ist so glücklich, wenn er nur anwesend ist, dass ihr die Gedanken kommen: »Er ist so wunderbar, was kann ich tun, um seiner wert zu sein? Wie kann ich dafür sorgen, dass er mich mag? Wie werde ich für ihn

am attraktivsten?« Wenn sie dann aktiv wird, lassen ihre gesteigerten Bemühungen um ihn sein Interesse meist erlahmen.

Eine kluge Frau achtet darauf, dass sie sich nicht mehr um einen Mann bemüht als er sich um sie.

Eine kluge Frau geht anders an die Sache heran. Selbst wenn sie sich Hals über Kopf verliebt, ist sie sich dessen bewusst, dass dies keine Exklusivbeziehung mit einem Idealpartner ist. Selbst wenn er sich als der Mann ihrer Träume erweisen könnte – noch ist er es nicht. Die Beziehung befindet sich erst in der Anfangsphase. Für ihn ist sie vielleicht nicht die Einzige, und sie kennt ihn auch noch nicht näher; eine Verlobung steht noch in den Sternen. Das aktuelle Stadium einer Beziehung auszuloten ist für eine Frau lebenswichtig, denn dementsprechend sollte sie sich verhalten. Selbst im fortgeschrittenen Stadium einer Exklusivbeziehung sollte eine Frau darauf achten, nicht mehr zu geben, als sie selbst erhält, sonst erhält sie unvermeidlich immer weniger.

Die Liebe wieder lernen

Sich zu verlieben ist leicht; viel schwerer ist es, die Liebe zu bewahren. Wir alle wünschen uns ewige Liebe – »glücklich bis an ihr Lebensende«. Niemand, der heiraten will, sagt: »Schatz, ich hab nachgedacht. Lass uns heiraten und zwei, drei schöne Jahre miteinander verbringen. Dann haben wir genug voneinander und lassen uns scheiden – was hältst du davon?« Oder: »Liebling, lass uns ein paar Jahre lang ein tolles Sexleben zusammen führen und dann anfangen zu streiten, uns gegenseitig Vorwürfe machen, ein paar Seitensprünge, und dann trennen wir uns wieder.« Niemand entliebt sich absichtlich wieder. Aber es passiert, und dann tut es weh.

Wollen Sie aus Ihrer Ehe mehr machen als Ihre Eltern? Dann müssen Sie an Ihrer Liebe arbeiten, damit die Liebe für Sie da ist. Akzeptieren Sie als Erstes, dass Sie dazu wieder anfangen müssen zu lernen. Vergessen Sie Ihren falschen Stolz, und loten Sie Ihr Innerstes aus – Ihre Bedürfnisse nach größerer Nähe, Anerkennung und Liebe. Stellen Sie sich einfach vor, Sie seien ein absoluter Anfänger in der Liebe.

Das Bewusstsein, Anfänger zu sein, ebnet Ihnen den Weg, etwas Neues zu lernen.

Eine Beziehung wertvoller zu machen ist eine Kunst und eine Wissenschaft, wie das Erbauen einer Brücke, das Kochen eines leckeren Essens oder das Spielen eines Instruments. Gewisse Techniken müssen erworben und täglich geübt werden. Zu Beginn erscheint alles wie ein großes Mysterium, aber mit der Zeit und mit Übung werden Sie die Herausforderungen meistern; es wird Ihnen zur zweiten Natur.
Was immer auch vorher war – Sie können lernen, Ihre Beziehung wertvoller zu gestalten.

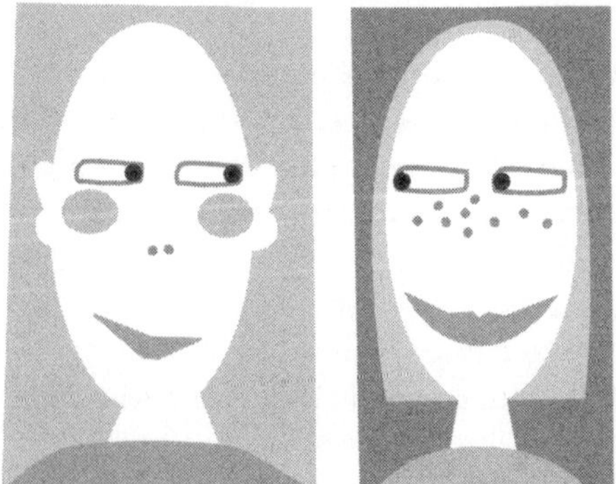

Die Weisheit der Zurückhaltung

Die Weisheit, mit intimeren Dingen zurückhaltend zu sein, liegt darin, dass es dem Verlangen eines Mannes die Möglichkeit gibt, sich auch auf höhere Gefühlsebenen auszudehnen. Wenn ein Mann sich Zeit lässt, die ersten drei Phasen einer Bekanntschaft zu durchleben – Interesse, Unsicherheit und Gewissheit –, wird aus seinem körperlichen Begehren auch ein seelisches Bedürfnis, der Frau zu gefallen. Daraus wiederum entsteht das eigentliche persönliche Interesse an ihr, aus dem später vielleicht Liebe erwächst. Ist sein Begehren dann auch Ausdruck von Liebe, ist die Zeit für intimere Annäherung gekommen.

Diese Zurückhaltung kann unterschiedlich aussehen. Sie können sich sofort für eine sexuelle Beziehung entscheiden, mit Ihrem Gefühlsleben aber hinter dem Berg halten. Oder Sie widerstehen Ihrem Bedürfnis nach Sex, bis Sie den anderen in seinem Wesen besser kennen. Wenn Sie nicht gleich alles von sich preisgeben, fordern Sie das Interesse des anderen und seine Neugierde heraus.

Jede Beziehung ist einzigartig. Wenn Sie sich fragen: »Wie lange soll ich denn warten?«, hören Sie auf Ihr Herz. Frauen sollten sich dessen bewusst sein, dass ein

Mann Sex nicht mit einer festen Liebesbeziehung gleichsetzt.
Frauen erkunden bei einer Verabredung oft erst die Beziehung und entscheiden dann, ob sie Sex haben wollen. Männer dagegen sind zuerst auf Sex aus und überlegen dann, ob sie eine Beziehung wollen. Mit Sex zunächst zu warten ist keine Garantie für das Begehren eines Mannes. Sofortiger Sex hält aber einen Mann auch nicht davon ab, sein Interesse zu vertiefen. Nur wenn eine Frau versucht, ihn mit Sex in eine Beziehung zu locken, treibt ihn das meistens davon. Um eine positive Einstellung gegenüber Männern zu bewahren, muss eine Frau wissen, dass sie einerseits frei entscheiden kann, wann sie Sex haben will, er andererseits frei entscheiden kann, ob er nach dem Sex eine Beziehung will. Ist ein Mann frustriert, weil sie keinen Sex will, trifft sie keine Schuld, und wenn der Mann nach dem Sex keine Beziehung möchte, trifft ihn keine Schuld.
Ein dauerhaftes intimes Verhältnis entsteht, indem die Frau ehrlich ihr Innerstes mehr und mehr öffnet und der Mann ihr durch immer persönlichere Zuwendung immer näher kommt und ihr auch seinerseits sein Innerstes preisgibt. Indem sie sich einander immer stärker zuwenden, hat auch die Liebe in ihren Herzen eine Chance zu wachsen.

Was Männer wirklich wollen

Der größte Wunsch eines Mannes in einer Beziehung ist der zu fühlen, dass er sie glücklich macht. Das macht ihn selbst glücklich und nimmt ihm eine Last von den Schultern. Ihr Glück bedeutet für ihn, dass sie ihn liebt. Wie ein Spiegel wirft ihm ihre warmherzige Art ein leuchtendes Bild seiner selbst zurück.
Der wachsende Stress in unserem Leben lässt uns dieses Ziel immer schwerer erreichen. Wenn ein Mann nach Hause kommt, findet er oftmals eine vor Arbeit erschöpfte Frau vor. Er wird in seinem Selbstvertrauen, sie glücklich machen zu können, frustriert und gibt in dem Gefühl, dass er dazu nicht mehr fähig ist, schließlich einfach auf.

Die warmherzige Art einer Frau gegenüber einem Mann wirft ihm wie ein Spiegel ein leuchtendes Bild seiner selbst zurück.

Im Innersten seiner Seele hofft ein Mann, dass seine Partnerin seine Bemühungen anerkennt und schätzt und darin auch ein gewisses Maß an Erfüllung findet. Wenn er nicht das Gefühl hat, sie sei glücklich, ihn zu sehen, geschieht etwas Schwerwiegendes in ihm. Sein

zärtliches und zugleich leidenschaftliches Verlangen, ihr zu gefallen, sie zu beschützen und zu umsorgen, wird gedämpft und erstirbt schließlich ganz.
Männer reden im Allgemeinen nicht gerne darüber, was in ihnen vorgeht, sondern konzentrieren sich eher darauf herauszufinden, wie sie Frauen glücklich machen können. Wenn aber das Verhalten und die Reaktionen einer Frau von ihrem Unglücklichsein bestimmt werden, schaltet ein Mann einfach ab. Wenn seine harte Arbeit nichts zu zählen scheint, verliert für ihn das Leben und die Beziehung jeglichen Zauber und Sinn.
Diese Einsicht motiviert eine Frau natürlich viel mehr, einen Mann fühlen zu lassen, dass er sie glücklich macht. Regelmäßige Anerkennung und Bestätigung geben ihm das Gefühl, dass ihm das gelingt, auch wenn sie manchmal überarbeitet und erschöpft ist. Auf diese einfache Weise kann eine selbstbewusste Frau ihrem Partner geben, was er am meisten braucht.

Frauen lieben Sex

Frauen lieben Sex, aber damit ihr Verlangen erwacht, bedarf es anderer Voraussetzungen als bei Männern. Männer begreifen dies manchmal nicht, da ihnen immer wieder suggeriert wird, Frauen würden Sex nicht mögen. Um Leidenschaft und gegenseitige Anziehung in einer Beziehung über die Jahre hinweg zu bewahren, braucht ein Mann die klare Botschaft, dass die Frau den Sex mit ihm liebt.

Im Allgemeinen sind Männer mit siebzehn oder achtzehn Jahren am stärksten an Sex interessiert, Frauen hingegen erst mit sechsunddreißig oder achtunddreißig. Diese Diskrepanz wird auch in der Erregungskurve beim Geschlechtsverkehr deutlich: Der Mann kommt bei jeder Gelegenheit zum Sex sehr schnell und ohne großes Vorspiel in Erregung, die Frau hingegen benötigt mehr Zeit. Daraus entsteht sehr leicht das Missverständnis, sie hielte von Sex weniger als er.

Ein Mann glaubt fälschlicherweise, dass eine Frau Sex nicht will oder braucht, nur weil für sie mehr dazu nötig ist als für ihn.

Auch die Einstellung seiner Mutter zum Sex kann da eine Rolle spielen. Wenn er als Jugendlicher Angst davor hatte, dass sie sein wachsendes Interesse an Mädchen und Sex bemerkte, konnte ihm das die Botschaft vermitteln, Sex zu wollen sei schlecht. Diese unbewussten Gefühle können in seinem späteren Leben, wenn er mit einer Frau zusammen ist, die ihm etwas bedeutet, als schlechtes Gewissen wieder auftauchen, und er denkt: »Ich darf ihr meine sexuellen Wünsche nicht sagen, sonst weist sie mich zurück.«
Solche Erfahrungen in der Vergangenheit müssen nicht bewirken, dass ein Mann sein Interesse verliert, aber sie machen ihn sicherlich sensibler, sodass er sich schneller abgewiesen fühlt, wenn eine Frau an Sex nicht interessiert scheint. Wenn sie nicht in der Stimmung ist, sagt ihm sein Unterbewusstsein gleich: »Ich wusste es. Sie will keinen Sex.«
Um dieser Tendenz entgegenzuwirken, kann eine Frau dem Mann immer wieder durch kleine Botschaften deutlich machen, dass sie Sex mag. Wenn sie dann und wann zu einem Quickie bereit ist, ist das die eindringlichste Botschaft, mit der sie ihm helfen kann. Eine weitere sehr starke positive Botschaft liegt darin, empfänglich zu reagieren, wann immer er ihr Avancen macht.

Ausgewogenes Teilen

Männer hegen im Allgemeinen die Überzeugung, dass der Beginn einer Beziehung das Ende jeglicher Probleme bedeutet. Frauen erwarten von einem Mann die Erfüllung ihrer Bedürfnisse, ohne ihn immer wieder daran erinnern zu müssen. Sind diese falschen Annahmen erst richtig gestellt, wird die Kommunikation immer besser. Er kann sich Probleme besser anhören, und was ihre Bedürfnisse befriedigt, kann auch ihm zuteil werden. Eine bessere Kommunikation hilft beiden, die Lasten – und die Freuden – ihrer Beziehung gleichberechtigt und ausgewogen zu teilen.

Ein Mann sollte nicht vergessen, dass eine Beziehung auch Arbeit bedeutet. Es wäre unrealistisch zu glauben, dass alles immer nur eitel Glück und Sonnenschein ist. Um ein großes Ziel zu erreichen, sind stets Ausdauer, Geduld und harte Arbeit vonnöten. Nicht nur in der Arbeit gibt es Blut, Schweiß und Tränen, sondern auch zu Hause. Um liebevolle, leidenschaftliche und befriedigende Beziehungen zu schaffen, müssen Arbeit und Spiel in ausgewogenem Verhältnis stehen. Beziehungen können Schwerstarbeit sein, aber wenn wir dazu bereit sind, können wir uns anschließend entspannen und die Früchte genießen – wir verstehen uns und sind uns nahe.

Nicht nur in der Arbeit gibt es Blut, Schweiß und Tränen, sondern auch zu Hause.

Eine Frau sollte ihrerseits daran denken, dass Männer vom Mars kommen – sie verstehen nicht instinktiv ihre Bedürfnisse, Wünsche oder was ihr wichtig ist. Ein Mann muss sich genauso überwinden, aktiv an einer Beziehung zu arbeiten, wie eine Frau ihre Scheu überwinden muss, ihn um etwas zu bitten, was sie sich wünscht. Wenn sie ihn um etwas bitten oder an etwas erinnern muss, meint sie oft, der Partner würde sie nicht wirklich lieben. Mit ihrem neuen Wissen aber kann sie in Zukunft freiweg ihre Wünsche vorbringen, ohne von ihm zu erwarten, dass er von sich aus daran denkt.

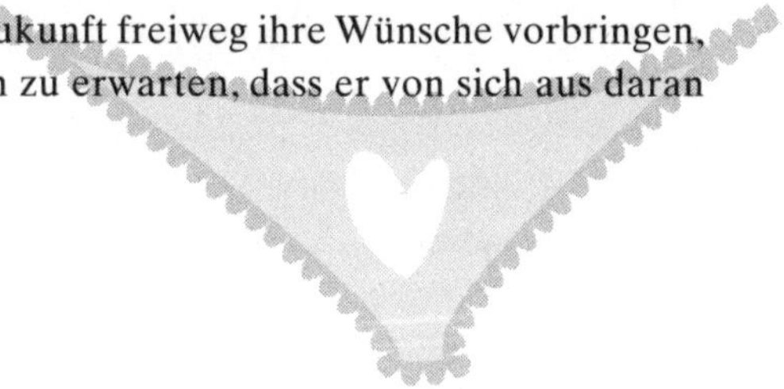

Den Zauber der Liebe lebendig erhalten

Während Männer mehr auf scharfen Sex aus sind, sehnen Frauen sich nach romantischer Liebe. Sogar die knallharte, erfolgsorientierte Karrierefrau legt großen Wert auf Romantik. Romantische Liebe ist für Frauen allerorten wie ein Zauber.
Jedes Jahr geben Frauen Unsummen für Liebesromane aus. Um die Sehnsucht einer Frau nach Romantik zu erfüllen, muss ein Mann zuerst verstehen lernen, was romantische Liebe ist.

Liebesbriefe, Blumensträuße und kleine Geschenke; Nächte voller Mondschein, spontane oder sorgfältig geplante Rendezvous; fein zum Essen ausgehen – das ist für die Frau Romantik.

Männer haben nicht eigentlich etwas gegen Romantik – sie verstehen bloß nicht, warum es einer Frau so viel bedeutet. Zu Beginn einer Beziehung ist er gerne romantisch, um ihr zu zeigen, dass sie etwas Besonderes für ihn ist. Dann aber begreift er nicht, warum er damit weitermachen soll. Wenn er seinen Vater öfter in romantischer Stimmung mit seiner Mutter erlebt hätte, müsste er es nicht erst wieder lernen. Wenn wir uns nach ewiger Liebe sehnen, müssen wir uns Zeit für Romantik nehmen.

Gleichberechtigte Partnerschaft fördert die Leidenschaft

In der Gleichberechtigung der Partner liegt das Geheimnis einer Beziehung – sie kann aber auch ein Hemmnis sein. Um die Leidenschaft in einer Beziehung lebendig zu erhalten, ist es hilfreich zu wissen, wie unterschiedlich Mann und Frau die Partnerschaft erfahren. Nur wenn beider Bedürfnisse erfüllt werden, kann die Liebe in einer gleichberechtigten Beziehung ein Leben lang halten.

Eine Frau empfindet instinktiv Partnerschaft, wenn sie und ihr Partner gemeinsam auf ein gemeinsames Ziel hinarbeiten; dabei gibt es keinen Chef und keine Unterordnung. Entscheidungen werden gemeinsam gefällt, und beide erbringen gleichermaßen Leistung.

Für einen Mann bedeutet Partnerschaft etwas anderes: Er ist sein eigener Abteilungsleiter und hat das

Sagen, und sie bestimmt in ihrem Zuständigkeitsbereich, in den er sich nicht einmischt. Sie soll ihm nicht sagen, was er tun soll, und er will sich nicht in ihre Angelegenheiten einmischen. Für ihn besteht also die Partnerschaft darin, dass sie nebeneinander und jeder eigenverantwortlich bestimmte Dinge erledigen und auf diese Weise ein Team bilden, das insgesamt auf ein gemeinsames Ziel hinarbeitet.

Obwohl Männer und Frauen Partnerschaft verschieden erfahren, existiert ein goldener Mittelweg.

Wenn sie sich dieses Unterschieds bewusst sind, können Mann und Frau die Partnerschaft aufbauen, die sie sich wünschen. Das Geheimnis liegt darin, beide Arten der Partnerschaft zu leben. Manchmal erledigen sie jeder für sich etwas, dann wieder arbeiten sie zusammen. Wenn sie zusammenarbeiten, muss die Frau darauf achten, die Leistungen des Mannes anzuerkennen; arbeitet jeder für sich, muss der Mann darauf achten, die Wünsche und Bedürfnisse der Frau zu respektieren.

Und schließlich darf eine Partnerschaft, die gedeihen soll, nicht nur Selbstzweck sein. Leidenschaft füreinander kann nur wachsen, wenn beide Partner auch außerhalb ihrer eigenen, persönlichen Bedürfnisse ein gemeinsames Interesse und Ziel haben, auf das sie gemeinsam hinarbeiten können.

Die Rolle des Mannes in einer Beziehung

In einer Beziehung hat der Mann die Rolle, für die Frau zu sorgen und dafür ihre Liebe zu empfangen. Solange er »bei seiner Rolle« bleibt, kann eine Beziehung gedeihen. Wenn er aber nur noch im Auge hat, was sie ihm bringt, »fällt er aus der Rolle«, und die Frau verschließt sich.
Romantische Rituale helfen ihm, bei seiner Rolle zu bleiben. In den traditionellen romantischen Ritualen ist der Mann der Gebende und die Frau die in Dankbarkeit Empfangende. Diese Rituale sind wichtig, da sie ihm Sicherheit geben, wie er seiner Rolle leicht gerecht werden kann. Er muss ja nur hin und wieder mit ihr ausgehen, manchmal anrufen, ein wenig Geld ausgeben, ihr die Türen aufhalten, und schon ist er ein toller Kerl. Sie sieht zu ihm auf, und er fühlt sich stark.

Romantische Rituale sind wichtig, denn sie geben ihm Sicherheit.

Wenn eine Frau seine Zuwendung anmutig entgegennimmt, ohne sich gleich zu einer Gegenleistung verpflichtet zu fühlen, steigt sie dadurch in seiner Achtung. Für sie bedeuten diese romantischen Rituale, sich als etwas Besonderes zu fühlen, und erinnern sie daran, auch zu nehmen, ohne zu viel zu geben. So erhält der Mann wieder die Gelegenheit, den süßen Nektar von Selbstlosigkeit und bedingungsloser Großzügigkeit zu kosten.

Wahre Liebe kann man nicht kaufen

Mit Geld kann man viele schöne Dinge kaufen, aber es macht Beziehungen oft schwieriger. Immer wieder beobachte ich, dass Paare, die sich lange liebten, anfingen einander zu hassen, nachdem sie ein Leben in Wohlstand erreicht hatten. Mit mehr Verständnis für die unterschiedlichen emotionalen Bedürfnisse kann jedoch auch mehr Geld und Erfolg eine große Wohltat für eine Beziehung sein.

Finanzieller Erfolg kann Probleme bereiten, wenn ein Paar nicht die notwendigen Beziehungstechniken beherrscht. Wenn finanzielle Sicherheit besteht, nimmt der Mann automatisch an, die Frau sei auch glücklicher. Als beide noch arm waren, konnte er verstehen, warum sie zeitweilig unglücklich war. Sobald aber mehr Geld vorhanden ist und man sich mehr leisten kann, versteht er nicht mehr, warum sie sich immer noch von Zeit zu Zeit unzufrieden und unglücklich fühlt.

Irrtümlicherweise glaubt der Mann, dass, wenn es ihnen materiell gut geht, er seine Pflichten erledigt hat und sich nun entspannen kann. Die Frau dagegen empfindet ihre emotionalen Bedürfnisse stärker, wenn sie sich sicher und gut versorgt weiß.

Als sie arm waren, war ihr klar, dass die Arbeit ihn in Anspruch nahm. Sie brauchten das Geld, um leben zu können. Wenn der Lebensstandard gesichert ist, werden andere Dinge wichtig, wie etwa das gemeinsame Gespräch, Intimität und Romantik. Plötzlich erwartet die Frau mehr von der Beziehung.

Während ein Mann meint, seine Pflichten seien erledigt,entwickelt eine Frau neue Ansprüche.

Wird aus einer reinen Versorgungsbeziehung eine stärker emotional orientierte Beziehung, muss ein Paar sich darüber im Klaren sein, dass neue Probleme ins Haus stehen. Die alten Wege der Kommunikation führen nicht mehr zu beiderseitiger Befriedigung.

Da eine Frau sich eher ihrer emotionalen Bedürfnisse

bewusst wird, ist sie auch die Erste, die einen Mangel an Erfüllung empfindet. Der Mann dagegen empfindet erst einen Mangel, wenn er ihre Unzufriedenheit sieht. Je größer der gesellschaftliche Erfolg wird, umso weniger kann er ihre Unzufriedenheit ertragen. Beide sind unglücklich und geben sich gegenseitig die Schuld daran. Eines der größten Probleme besteht darin, dass jeder es dem anderen übel nimmt, dass sie diese Probleme überhaupt haben.

Diese neuen Probleme lassen sich nicht vermeiden – aber man kann sie lösen. Wenn in einer Beziehung beide wissen, was unweigerlich auf sie zukommen wird, werden sie sich nicht mehr gegenseitig die Schuld geben. Sie werden auch nicht die Beziehung hinterfragen, sondern ihre frühere Art des Umgangs und der Kommunikation miteinander. Sie werden sich nicht einem anderen Partner zuwenden, sondern ihre Energien darauf konzentrieren, die eigenen Fähigkeiten zum Geben und Empfangen von emotionaler Zuwendung zu verbessern.

Warum Männer sich zurückziehen

Hat eine Frau gelernt, ihre Bedürfnisse aufzuschieben und dem Mann Zeit für den Wechsel vom Arbeitsleben zum Privatleben zu lassen, kann er sich auf seine Liebe zu ihr besinnen und sich dementsprechend verhalten. Je mehr er sich an diese liebevolle und rücksichtsvolle Art gewöhnt, desto größer wird seine Vorfreude darauf. Allein der Gedanke, nach Hause zu kommen, wirkt dann schon entspannend. Und je mehr er sich darauf verlassen kann, desto weniger muss er sich von seiner Partnerin zurückziehen.

Wenn eine Frau diese neue Beziehungstechnik nicht kennt, wird sie sich gar nicht darüber bewusst, dass sie ihren Partner hindert, den Wechsel vom Arbeitsleben ins Privatleben zu vollziehen. Verlangt sie zu viel von ihm oder beginnt zu nörgeln, wird er vielleicht nie genug Entspannung finden, um wieder für die Beziehung da zu sein. Dieser Teufelskreis kann zu einer Blockade führen, die den Mann den Kontakt zu seinen Liebesgefühlen verlieren lässt, bis er dann vielleicht sogar meint, seine Partnerin nicht mehr zu lieben.

Je mehr er mit der Forderung, doch über alles zu sprechen und sich in die Beziehung einzubringen, unter

Druck gesetzt wird, desto mehr hat er das Bedürfnis nach Ruhe.
Wenn ein Mann zu einer Frau nach Hause kommt, die ihn nicht mit Forderungen überfällt, gibt ihm das die Zeit, die er zum Entspannen braucht. Er kann dann automatisch umschalten und seiner Partnerin die Liebe geben, die sie verdient. Tausende von Frauen, die diese Beziehungstechnik anwenden, berichten, dass diese besondere Einsicht in ihren Beziehungen Wunder bewirkte.

Männer sind wie Gummibänder

Männer sind wie Gummibänder. Wenn es sie fortzieht, kommen sie nur eine gewisse Strecke weit, dann zieht es sie mit Macht wieder zurück. Das Gummiband ist die perfekte Metapher für das Verhalten des Mannes in einer Beziehung, denn er strebt die Nähe an, zieht sich dann zurück und sucht anschließend wieder die Nähe.
Viele Frauen wundern sich, dass sich ein Mann, auch wenn er eine Frau liebt, immer wieder zurückziehen muss, bevor er ihr wieder näher kommen kann. Es ist ein instinktives Bedürfnis, das dem Mann keine Ent-

scheidungsfreiheit oder Wahl lässt. Es passiert einfach und ist weder seine noch ihre Schuld, sondern ein natürlicher Zyklus.
Frauen interpretieren dieses »Sich-Zurückziehen« falsch, denn eine Frau zieht sich im Allgemeinen aus anderen Gründen zurück: entweder weil sie ihm nicht zutraut, ihre Gefühle zu verstehen, weil er sie verletzt hat und sie Angst hat, wieder verletzt zu werden, oder weil er einen Fehler gemacht hat und sie enttäuscht ist. Natürlich kann sich auch ein Mann aus denselben Gründen zurückziehen, aber er zieht sich manchmal auch dann zurück, wenn sie nichts falsch gemacht hat. Er mag ihr Liebe und Vertrauen entgegenbringen, und doch beginnt er plötzlich, sich zurückzuziehen. Wie ein gedehntes Gummiband bleibt er auf Abstand und kommt dann von selbst wieder zurück.

Der Abstand stärkt die Seele.

Ein Mann zieht sich zurück, um sein Bedürfnis nach Unabhängigkeit und Autonomie zu stillen. Nachdem er sich weit entfernt hat, kommt er in höchster Eile wieder zurück, denn jetzt kann er endlich wieder sein Bedürfnis nach Liebe und menschlicher Nähe empfinden. Automatisch ist damit seine Motivation gestiegen, all seine Liebe zu geben und die Liebe zu empfangen, die er braucht. Wenn er so zurückkommt, nimmt der Mann die Beziehung genau dort wieder auf, wo er sie verließ. Er muss sich nicht erst wieder in den Partner einfühlen.

Wenn eine Frau dieses Bedürfnis des Mannes, sich hin und wieder zurückzuziehen, akzeptiert und zulässt, bereitet sie die richtigen Voraussetzungen dafür, dass er in sich selbst den Wunsch, bei ihr zu sein, entdeckt und ihn seine Liebe zu ihr wieder zurückbringt.

Wird einem Mann hingegen die Möglichkeit verwehrt, sich zurückzuziehen, hat er auch nie die Chance, sich bewusst zu werden, wie groß sein Bedürfnis nach Nähe ist. Frauen müssen unbedingt verstehen, dass sie nicht ständiges Zusammensein fordern oder ihrem Liebespartner hinterherlaufen dürfen, wenn er sich zurückzieht, sonst wird er nur noch bestrebt sein, auf Distanz zu gehen. Und nie wird er die Chance haben, seine eigene leidenschaftliche Sehnsucht nach Liebe zu erkennen.

Warum Frauen viel mehr reden

Frauen, die sich in ihrer Beziehung nicht frei aussprechen können, verlieren die Verbindung zu ihrem natürlichen Glücksgefühl, das sich einstellt, wenn das Weibliche in ihnen genährt wird. Schlimmer noch: Wenn sie die Verbindung zu ihrer weiblichen Seite verlieren, sind sie sich nicht einmal mehr ihrer Bedürfnisse bewusst. Sie haben nur noch das vage Gefühl, dass irgendwas fehlt, und gewöhnlich geben sie dem Mann in ihrem Leben die Schuld dafür.

Je weiter eine Frau sich von dem weiblichen Teil ihrer Seele entfernt, umso weniger empfänglich ist sie für die Hilfe eines Mannes. Ihr Partner wiederum ist frustriert, weil er ihr keine Erfüllung schenken kann und sich in dieser Situation machtlos fühlt. Manche Frauen haben ihr Bedürfnis nach Gesprächen schon so weit verdrängt, dass sie überzeugt sind, sie hätten keine Zeit dafür oder dass Reden alles nur noch schlimmer mache.

Dabei haben Frauen von heute, die auch noch die Zusatzbelastung der Berufstätigkeit tragen müssen, ein viel größeres Bedürfnis nach Rückhalt in ihrer Partnerschaft. Wenn die Frau abends nach Hause kommt, braucht sie die Sicherheit, dass sie sich öffnen und ihre Gefühle herauslassen darf, auch wenn diese manchmal wirr und unzusammenhängend sein sollten. Sie braucht das Gefühl, dass da jemand ist, der versteht, was sie durchmacht, und der sich etwas aus ihr macht. Auch wenn sie manchmal nicht zum Reden aufgelegt scheint, lockt ein kluger Mann sie mit liebevollen Fragen behutsam aus der Reserve.

Warum heiraten?

Die Ehe ist heute nicht mehr nur eine Verpflichtung zur materiellen Absicherung einer Familie. Je unabhängiger wir sind, umso mehr tritt die Liebe in den Vordergrund. Die Menschen gehen heute aus Liebe Beziehungen miteinander ein, und es gibt keine machtvollere Art, unsere Liebe zu nähren, als das Ehegelöbnis.

Das Eheversprechen ist die Anerkennung, dass unser Partner in jeder Hinsicht etwas Besonderes für uns ist und dass wir uns verpflichten, die Liebe in unserer Beziehung zu hegen und zu pflegen. Mit der Heirat versprechen wir, dass wir unseren Partner unser Leben lang in Ehren halten. Dieses heilige Gelöbnis fördert das Beste in einem Mann zutage und ermöglicht es der

Frau, sich in wachsendem Vertrauen zu öffnen. Ihr Gelöbnis erinnert sie auch an die alten Gefühle, wenn sie glaubt, sie vergessen zu haben.

> *Eine Frau muss fühlen, dass sie für ihn etwas Besonderes ist, dann kann sie sich öffnen und in Liebe mit ihm zusammenwachsen.*

Ohne dieses Gelöbnis fehlt etwas sehr Wichtiges: Eine Frau kann dem Mann die besondere Liebe, Anerkennung und Treue, die er sich wünscht, nur dann geben, wenn sie darauf vertrauen kann, dass auch ihre Bedürfnisse erfüllt werden. Sie muss fühlen, dass er sie so sehr anbetet, sich um sie sorgt, sie versteht und respektiert, dass er immer für sie da sein wird. Geben Frauen sich mit weniger zufrieden, dann bekommen sie auch weniger. Die Liebe in ihren Herzen wird dann nie die Chance haben, sich voll zu entfalten.

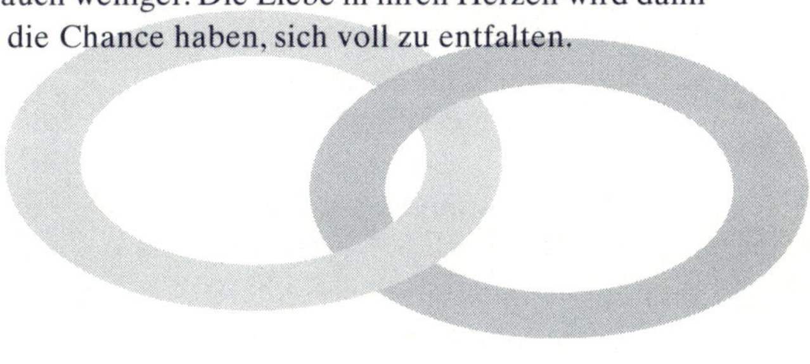

Die Sprache der Romantik

Wenn ein Mann durch kleine Gesten ausdrücken kann: »Du bedeutest mir viel, ich verstehe, was du fühlst, ich tue gern etwas für dich, und du bist nicht allein«, erfüllt er damit das Bedürfnis einer Frau nach Romantik. Wenn ein Mann ohne Aufforderung kleine Dinge für seine Frau erledigt, fühlt sie sich sehr geliebt. Wenn er diese Dinge aber vergisst, erinnert eine kluge Frau ihn wieder daran, indem sie ihn liebevoll darum bittet, ohne jedoch etwas zu fordern.

Für Frauen ist romantische Liebe, wenn ein Mann ohne ihr Bitten kleine Dinge für sie erledigt.

Ein Mann hingegen fühlt sich geliebt, wenn sie ihm wieder und wieder bestätigt, dass es ihm gelingt, ihr Erfüllung zu schenken. Wenn sie guter Dinge ist, fühlt er sich geliebt. Selbst wenn sie sich über das Wetter freut, versteht er das zum Teil als Kompliment an sich. Es ist das höchste Glück für einen Mann, wenn er eine glückliche und erfüllte Frau hat.

Eine Frau wird durch Blumen, Pralinen und gemeinsames Ausgehen in romantische Stimmung versetzt, ein Mann eher dadurch, dass die Frau viel von ihm hält. Wenn er ihr kleine Gefallen erweist und sie das sehr zu schätzen weiß, fühlt er sich höchst romantisch.

Für Männer ist Romantik, wenn eine Frau die Dinge, die er für sie tut, zu schätzen weiß.

Frauen sind sich im Allgemeinen nicht bewusst, wie groß das Bedürfnis eines Mannes ist, von ihr zu hören, dass er ihr Erfüllung schenkt. Wenn er etwas für sie tun kann, genießt er ihre Liebe. Die größte Kunst in der Liebesbeziehung zu einem Mann besteht darin, ihn dabei abzupassen, wenn er etwas gut gemacht hat, und ihm dann ihre Anerkennung und Wertschätzung auszudrücken. Der größte Fehler hingegen ist es, ihn in allem für selbstverständlich zu halten.

Ein Mann fühlt sich geliebt, wenn er die Botschaft erhält, dass er etwas getan hat, seiner Partnerin in irgendeiner Weise geholfen und genützt hat. Die andere Art, Liebe zu einem Mann zu bezeugen, besteht darin, seine Fehler mit Bemerkungen wie »Macht nichts« oder »Das ist schon in Ordnung« möglichst herunterzuspielen. Wenn die Enttäuschung nicht so groß ist, ist er offener gegenüber zukünftigen Bitten und Bedürfnissen. Wenn ein Mann seiner Frau etwas Gutes tut und sie Erfüllung empfindet, gewinnen beide.

Die Bedeutung gegenseitiger Verpflichtung

Nach den ersten Stadien des Sich-Kennenlernens können wir allmählich entscheiden, ob wir unseren Partner heiraten wollen. Irgendwann wissen wir, dass wir unseren Seelengefährten gefunden haben. Wir sind nicht nur verliebt, sondern wir lieben diesen Menschen so sehr, dass wir den Rest unseres Lebens mit ihm verbringen wollen.

Diese Erkenntnis ist zunächst nur eine Eingebung. Auch wenn wir uns sicher sind, den richtigen Partner gefunden zu haben, können uns später wieder Zweifel befallen. Um dafür zu sorgen, dass es ein Dauerzustand wird, müssen wir dazu stehen und uns darauf verpflichten. Man muss das Eisen schmieden, solange es heiß ist – wenn es abkühlt, dann ist es unter Umständen zu spät.

Indem wir uns zur Ehe verpflichten, stärken wir diese Erkenntnis und arbeiten daran, das zunächst zarte Pflänzchen der Liebe großzuziehen, bis es stark und fest verwurzelt ist. Mit sorgfältiger Pflege wächst die Beziehung dann wie ein Spross im Frühling.

Wenn die gegenseitige Verpflichtung aus den Herzen kommt, kann die Liebe stark werden.

Den meisten Männern ist nicht bewusst, wie viel einer Frau der Heiratsantrag bedeutet. Auf der Venus ist dies immerhin die zweitwichtigste Erinnerung im Leben einer Frau – gleich nach dem Hochzeitstag. Manche Männer wehren sich dagegen, weil sie nicht erkennen, wie wichtig das tatsächlich ist. Er ist nicht nur das größte Geschenk, das ein Mann einer Frau jemals geben kann – ein wundervoller Heiratsantrag legt den Grundstein für eine wundervolle Ehe!
Wenn später einmal schwierige Zeiten kommen, kann es für das Paar hilfreich sein, an diesen besonderen Augenblick zurückzudenken und sich an ihre damaligen Gefühle zu erinnern, als sie einander mit unschuldigen Herzen ihre Liebe versprachen.
Es ist ein wunderbares Geschenk, wenn ein Mann eine solche bleibende Erinnerung erschaffen kann. Diese Gelegenheit kommt nur einmal, deshalb sollte er sich etwas Besonderes ausdenken; seine Frau wird ihr Leben lang erzählen, wie es war, als er um sie anhielt.

Ehe oder Freundschaft

Das Eine, wodurch eine Ehe mehr wird als liebevolle Freundschaft, das ist Sex. Sex bedeutet sowohl für unsere männliche wie auch für unsere weibliche Seite mehr als jede andere Beschäftigung, der ein Paar zusammen nachgehen kann. Guter Sex wirkt beruhigend auf die Frau und bewahrt ihr das Gefühl, ganz Frau zu sein; dem Mann verleiht es neue Kraft und ein gestärktes Empfinden seiner Männlichkeit.

Sex hat die Macht, uns einander näher zu bringen oder aber uns auseinander zu treiben.

Damit Sex ein wunderbares Erlebnis wird, genügt es nicht, wenn Mann und Frau ihren Urinstinkten folgen. Die Zeiten haben sich geändert, und die Menschen legen viel mehr Wert auf die Qualität von Sex. Die Fähigkeit zu dauerhaft leidenschaftlichem Sex ist kein Allgemeinwissen, und man erwirbt sie auch nicht automatisch.

Es genügt nicht, unseren Partner zu lieben. So wie sich die Techniken der Beziehung und der Kommunikation geändert haben, haben sich auch die Sextechniken geändert. Um dem Partner im Bett Erfüllung zu schenken, ist Offenheit für Neues nötig. Vor allem dürfen wir Sex nie als selbstverständlich sehen. Sexuelle Erfüllung setzt voraus, dass beide Partner stets kreativ und aufmerksam sind.

Zwei Sorten Mann – ein Verhaltensmuster

Es gibt zwei Sorten von Männern. Der eine wehrt sich und wird stur wie ein Esel, wenn eine Frau versucht, ihn zu ändern; der andere ist einverstanden, sich zu ändern, hat aber bald alles vergessen und fällt in sein altes Verhalten zurück. Das nennt man aktiven und passiven Widerstand.
Wenn ein Mann sich nicht so geliebt fühlt, wie er ist, wiederholt er bewusst oder unbewusst das kritisierte Verhalten. Er fühlt einen inneren Drang danach, dieses Verhalten so lange zu wiederholen, bis er sich so geliebt fühlt, wie er ist.

Ein Mann zeigt sich von seiner besten Seite, wenn er sich so akzeptiert fühlt, wie er ist.

Ein Mann kann sich nur weiterentwickeln, wenn er Anerkennung und Liebe verspürt. Andernfalls wehrt er sich und wird stur. Er braucht das Gefühl, so akzeptiert zu werden, wie er ist, dann ist er bereit, von sich aus manches zu ändern. Wenn eine Frau nicht darauf beharrt, den Mann unbedingt ändern zu müssen, kann er von sich aus darüber nachdenken.

Monogamie voller Leidenschaft

Viele Menschen finden den Gedanken an Sex mit einem einzigen Partner fürs ganze Leben zu langweilig, sie wollen mehr Aufregung. Wenn sie jedoch lernen, Sex voller Spontaneität und nicht rein mechanisch zu vollziehen, muss er keineswegs langweilig werden. Das sexuelle Empfinden kann sich stets weiter entwickeln, und die Leidenschaft kann noch stärker werden.

Wenn Sie Sex immer wieder anders gestalten, brauchen Sie keinen anderen Partner.

Das Geheimnis einer guten Ehe liegt in guter Kommunikation und schönem Sex. Für die meisten Frauen ist Monogamie eine Voraussetzung, um sich sexuell erregbar zu fühlen. Viele Männer können nicht verstehen, warum eheliche Treue so wichtig ist. Sie begreifen nicht, dass eine Frau sich nur dann geliebt und als etwas Besonderes fühlt. Wenn sie sich nicht auf diese Weise geliebt fühlt, kann sie sich ihm auch nicht weiter öffnen. Eine Frau muss vertrauen können, um weiterhin erregbar zu sein.

Aber auch Männer haben besondere Bedürfnisse, die erfüllt werden müssen, um die Leidenschaft in der Ehe lebendig zu halten. Anfangs ist es leicht, den Mann zu erregen, aber das bleibt nicht automatisch so. Es genügt dem Mann nicht, wenn er die Frau liebt – er muss auch spüren, dass sie sich von ihm angezogen fühlt, ihm gegenüber offen und ebenso wie er an der Gestaltung ihres Liebeslebens beteiligt ist. Er muss das Gefühl haben, dass sie voller Lust und bereitwillig dabei ist – und nicht erst jedes Mal überredet werden muss. Ihre Warmherzigkeit, Offenheit und Begeisterung in sexuellen Dingen schüren in ihm ein dauerhaftes Feuer des Begehrens.

Erinnern wir uns an unsere Unterschiede

Das richtige Verständnis zwischen Mann und Frau beginnt mit der Erkenntnis, dass wir alle einzigartige Individuen sind und daraus leicht Missverständnisse entstehen können. Um eine gute, verständnisvolle Beziehung aufzubauen, müssen wir uns immer wieder darauf besinnen, dass wir verschieden sind und dass das vollkommen in Ordnung ist. Diese Einsicht hilft uns, Brücken zu schlagen, die uns miteinander verbinden. In Zeiten der Frustration, der Enttäuschung und des Kummers ist es hilfreich, daran zu denken, dass

- die Dinge nicht immer so sind, wie sie erscheinen; Männer und Frauen reagieren unter Stress sehr verschieden,
- es Ihnen vielleicht leicht fällt, um etwas zu bitten, dies anderen Menschen aber umso schwerer fällt,
- es Ihnen vielleicht leicht fällt, sich etwas anzuhören, dies anderen Menschen aber umso schwerer fällt,
- was Sie für hilfreich halten, nicht unbedingt auch für andere gut sein muss,
- jeder Mensch Liebe auf seine eigene Weise ausdrückt.

Es ist kein Fehler, übermässig zu geben

Viele Bücher vermitteln den Eindruck, dass es ein Fehler sei, übermäßig zu geben. Obwohl das tatsächlich ein Problem sein kann, müssen wir auch bedenken, dass es eine Gnade ist, ein gebendes und großzügiges Wesen zu besitzen. Wenn wir Liebe empfinden, müssen wir etwas von uns geben. Frauen, die zu viel geben, folgen damit nur ihrem gesunden weiblichen Instinkt, großzügig etwas von sich zu geben.
Die natürliche Bereitschaft der Frau zu bedingungslosem Geben wird erst dann problematisch, wenn sie selbst in ihren beruflichen und privaten Beziehungen zu wenig Rückhalt findet. Übermäßiges Geben wird erst dann ein Problem, wenn es einer Frau nicht gelingt, ihrerseits den liebevollen Rückhalt zu bekommen, den sie braucht, um weiter geben zu können.

Wenn jemand übermäßig gibt, sollte er anfangen, selbst mehr zu nehmen.

Um übermäßiges Geben zu kompensieren, muss eine Frau sich darin üben, um Hilfe zu bitten – eine Kunst, die die meisten Frauen in ihrer Jugend nicht gelernt haben. Leider lernen die meisten Mädchen eher, wie sie anderen zu Gefallen sein können, als umgekehrt. Um mit sich ins Gleichgewicht zu kommen, müssen diese Frauen auch lernen, sich selbst mehr zu geben. Das größte Geschenk, das Sie sich selbst bereiten können, ist: Zeit. Zeit, in der Sie das tun, was Sie gerne möchten.

Sie braucht Bestätigung, er braucht Anerkennung

Eine Frau fühlt sich wirklich geliebt, wenn der Mann ihre Gefühle und Bedürfnisse nicht zurückweist oder missachtet, sondern ihr mit Verständnis begegnet. Durch eine solche Haltung fühlt sich die Frau in ihren Gefühlen bestätigt. Man darf dabei nicht vergessen, dass man ihren Standpunkt anerkennen kann, auch wenn man ihn nicht teilt. Wenn ein Mann lernt, einer Frau die Bestätigung zu geben, die sie braucht, kann er sicher sein, dass er dafür die Anerkennung bekommt, die er seinerseits braucht.

So wie einer Frau die Bestätigung durch den Mann wohl tut, ist einem Mann die Anerkennung einer Frau angenehm.

Im Grunde seines Herzens will ein Mann für seine Frau der Held oder strahlende Ritter sein. Das Zeichen für ihn, dass er ihre Prüfungen bestanden hat, ist ihre Anerkennung. Durch ihre Anerkennung drückt die Frau aus, dass sie viel Gutes in ihm entdeckt und rundherum zufrieden mit ihm ist. Auch hier gilt wieder, dass Anerkennung nicht bedeutet, mit ihm stets einer Meinung zu sein, sondern hinter dem, was er tut, gute Gründe zu suchen. Wenn er die Anerkennung bekommt, die er braucht, fällt es ihm leichter, ihr die Bestätigung zu geben, die sie ihrerseits braucht.

Die vier Ebenen der Intimität

Es gibt vier Ebenen, auf denen man wahre Intimität erfährt: die körperliche, die emotionale, die geistige und die seelische Ebene. Solange wir nicht alle vier Aspekte unseres Wesens pflegen, sind wir zu einer wirklich innigen, intimen Beziehung nicht fähig. Preschen wir auf einer dieser Ebenen zu schnell vor und

vernachlässigen die anderen drei, führt das zu fatalen Ergebnissen.
Wenn ein Paar körperlich miteinander intim wird, ohne sich auf den anderen drei Beziehungsebenen nahe gekommen zu sein, endet dies gewöhnlich damit, dass der Mann sich zurückzieht und die Frau sich unbefriedigt fühlt.

Sex ist dann am schönsten, wenn wir zueinander eine emotionale, geistige und seelische Beziehung haben.

Umfasst die Beziehung nicht auch die höheren Ebenen, dann zieht sich der Mann nach dem sexuellen Akt abrupt zurück und kommt nicht mehr zu der Beziehung zurück. Die Frau fühlt sich dann so unbefriedigt, dass sie anfängt, ihm hinterherzulaufen, und ihn auf diese Weise vergrault. Wenn Mann und Frau sich zuerst auf allen vier Ebenen nahe kommen, sind sie bereit, wahre Intimität zu erleben.
Auf der körperlichen Ebene sind wir einander durch Sex verbunden, auf der emotionalen durch Zuneigung, auf der geistigen durch gegenseitiges Interesse und auf der seelischen durch bedingungslose Liebe. Ob wir uns erst kennen gelernt haben oder schon jahrelang ver-

heiratet sind, stets kann Intimität auf jeder einzelnen Ebene nur wachsen, wenn wir diese vier Aspekte unseres Wesens gleichermaßen beleben; wir müssen auf allen vier Ebenen zueinander finden – körperlich, emotional, geistig und seelisch.

Die goldenen zwanzig Minuten

Es kann Wunder wirken, wenn ein Mann sich nur an drei oder vier Tagen in der Woche beim Nachhausekommen zwanzig Minuten Zeit extra nimmt, um der weiblichen Seite seiner Frau Zuwendung zu schenken. Es macht sie glücklicher, und binnen kurzem wird auch er mehr und mehr Anerkennung und Bestätigung erhalten, die er wiederum braucht. Wie überarbeitet oder erschöpft sie auch sein mag, ein wenig Aufmerksamkeit, Liebe und Zuwendung von seiner Seite machen für sie den großen Unterschied.

Diese zwanzig Minuten der Aufmerksamkeit und der Zuwendung, die er nach dem Nachhausekommen ausschließlich seiner Frau widmet, werden goldene Augenblicke. Zwanzig Minuten lang ist sie das Thema Nummer eins für ihn. Zwanzig Minuten lang muss er ihr seine Aufmerksamkeit ebenso konzentriert schenken wie seinem Chef oder seinem wichtigsten Kunden. Nutzt er diese Zeit, um sein Interesse zu zeigen und sie zu unterstützen, hat dies eine erstaunliche Wirkung auf ihr Lebensgefühl.

Zwanzig Minuten lang sollte er ihr seine Aufmerksamkeit ebenso konzentriert schenken wie seinem Chef oder seinem wichtigsten Kunden.

Wenn sie überarbeitet oder schlecht gelaunt ist, sollte er sie auf keinen Fall alleine lassen. Im Gespräch sollte er liebevoll herausfinden, wie sie sich fühlt und wie der Tag verlaufen ist. Reagiert er mit Sympathie und Zuwendung anstelle mit klugen Ratschlägen, dann hilft ihr das sehr. Indem er sich um den weiblichen Teil ihrer Seele kümmert, gelingt es dem Mann, einer erschöpften, vom Alltag ausgelaugten Frau den dringend benötigten Rückhalt zu geben. Er erweckt in ihr das Gefühl, etwas Besonderes zu sein, und damit jene liebevollen Gefühle, die sie für ihn so anziehend machen. Er kann erreichen, dass sie sich wieder rundherum wohl in ihrer Haut fühlt.

Romantik hilft

Wenn ein Mann ein Rendezvous gut plant, Karten besorgt, den Chauffeur spielt und sich um jede Kleinigkeit kümmert, ist das Romantik. Die Frau kann sich entspannen und das Gefühl genießen, von ihm umsorgt zu werden. Es ist wie ein Kurzurlaub, in dem sie zu ihrem weiblichen Selbst zurückfinden kann.

> *Für eine Frau ist Romantik wie ein Kurzurlaub, in dem sie zu ihrem weiblichen Selbst zurückfinden kann.*

Besonders hilfreich sind romantische Augenblicke für Frauen, die sich scheuen, ihre Gefühle mitzuteilen. In solchen Augenblicken genießt eine Frau die Anerkennung, Bewunderung, das Verständnis und die Zuwendung des Mannes, ohne dass sie über ihre Gefühle sprechen muss. Romantische Erlebnisse dieser Art geben ihr den gleichen Rückhalt wie ein Gespräch. In beiden Fällen hat sie das Gefühl, mit ihren Bedürfnissen Gehör zu finden.

Romantik ist so wichtig

Romantik ist heute wichtiger denn je, denn sie hilft einer Frau, ihre weibliche Seite wiederzufinden. Denn das Berufsleben zwingt sie, während des Tages vor allem ihre männliche Seite hervorzukehren.

Durch Romantik findet die Frau zu ihrer Weiblichkeit zurück.

Romantik bringt eine Frau dazu, wieder ganz Frau zu sein, etwas Besonderes und Behütenswertes. Kümmert sich ein Mann leidenschaftlich um die Erfüllung ihrer Bedürfnisse, dann kann sie aufhören, sich zu viel um andere zu kümmern. Um die Romantik lebendig zu halten, benötigt sie vor allem gute Gespräche, er hingegen vor allem guten Sex.

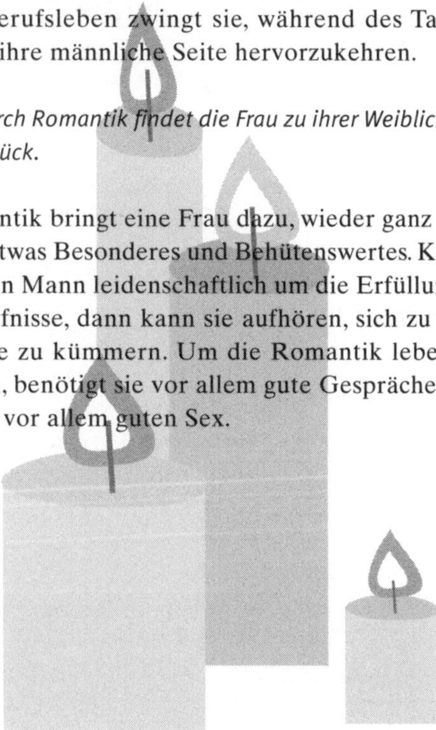

Wodurch Sex besser wird

Viele Männer sind überrascht, wenn sie erleben, dass geistige und emotionale Intimität ebenso erfüllend sein können wie körperliche Intimität. Erlebt ein Mann schließlich die Erfüllung vollkommener körperlicher Intimität mit einer Frau, der er auch emotional, geistig und seelisch nahe steht, kann er nicht mehr zurück.

Jahre des Zusammenwachsens in Liebe machen Sex intensiver und erfüllender.

Selbst nach vielen Ehejahren ist es wichtig, sich gelegentlich die Befriedigung in Erinnerung zu rufen, einen vertrauten Menschen zu lieben, den wir in- und auswendig kennen und aus vollem Herzen lieben. Einen Menschen von seiner besten und schlechtesten Seite zu kennen und ihn immer noch zu lieben, das ist wahre Liebe.
Der Unterschied zwischen Sex machen und sich lieben ist wie der zwischen einem Cheeseburger und einem Festtagsmenü. Warum sich mit weniger begnügen? Natürlich kostet es mehr Zeit und Energie, aber es geht um etwas Wirkliches, Dauerhaftes. Trotzdem

sind natürlich alle Spielarten von Sex von Bedeutung – Sex nach einem romantischen Abend ebenso wie ein Quickie zwischen zwei Terminen. Wenn ein Mann spürt, dass sie genauso begeistert vom Sex ist wie er, öffnet er sein Herz weiter.

Die Selbstsicherheit des Mannes

Eine Frau spürt, wenn ein Mann selbstsicher ist; sie entspannt sich dann automatisch und ist sich sicher, zu bekommen, was sie braucht. Ein Mann ohne Selbstsicherheit macht eine Frau nervös. Ihre weibliche Seite, die nachgeben und empfangen möchte, gerät in Panik, und ihre männliche Seite wird aktiv, um sie und ihre Bedürfnisse zu schützen.

Zeigt ein Mann Selbstsicherheit, dann kann die Frau aufatmen, entspannen und sich seiner Zuwendung öffnen.

Selbstsicherheit bedeutet nicht, dass ein Mann perfekt sein oder auf alles eine Antwort haben muss, sondern ist die Überzeugung: »Wo ein Wille ist, ist auch ein

Weg«. Er ist sich sicher, dass er für jedes Problem eine Lösung finden kann. Eine solche Einstellung ist für jede Frau eine Beruhigung; sie weiß, dass alles gut wird.

In Liebe zusammenwachsen

Den richtigen Partner zu finden ist wie ein Schuss ins Schwarze: Zum Zielen und Treffen ist viel Übung nötig. Manche Menschen treffen vielleicht sofort ins Schwarze, die meisten aber nicht. So gehen die meisten Menschen mehrmals Beziehungen ein, bevor sie den Richtigen finden. Bei manchen Menschen dauert diese Phase länger als nötig, da sie offensichtlich Fehler machen.

Beim Schießen zielt man und trifft zunächst einmal meist weit daneben, zum Beispiel viel zu weit links. Doch schon die Feststellung, dass man zu weit nach links gezielt hat, führt im Kopf zu einer Korrektur, und beim nächsten Mal schießt man weiter nach rechts. Durch mehrere Versuche korrigiert man sich immer wieder, bis man schließlich das Ziel trifft.

Das Gleiche geschieht in Beziehungen. Jedes Mal wenn wir feststellen, dass es wieder nicht der Richtige war, korrigieren wir uns im Kopf, und beim nächsten Mal fühlen wir uns stärker von jemandem angezogen, der dem Richtigen schon näher kommt. So lernen wir allmählich, einen anderen Menschen richtig einzuschätzen, und verfeinern unsere Fähigkeit, uns von dem Richtigen angezogen zu fühlen – oder zumindest von jemandem, der ihm näher kommt. Wenn eine Beziehung zu Ende geht, haben wir dann nicht das Gefühl, alles sei ein Fehler oder Zeitverschwendung gewesen, sondern können dankbar dafür sein, dass wir auf dem Pfad zur wahren Liebe weiter voranschreiten dürfen.

Aus einem guten Ende erwächst ein guter neuer Anfang.

Indem wir unserem Expartner verzeihen und die Beziehung liebevoll beenden, steigen unsere Chancen, das nächste Mal ins Schwarze zu treffen. Die Fähigkeit zum Verzeihen hält unsere Herzen offen und lässt uns so wieder zur Liebe finden. Wenn wir liebevoller sind, bekommen wir wieder Liebe zurück.

Seinem Partner verzeihen heißt ihn zu akzeptieren, auch wenn er nicht vollkommen ist. Diese absolute Liebe ist eine Herausforderung, aber sie bringt auch das Beste in uns und in unserem Partner zum Vorschein. Indem wir lernen, unserem Partner zu vergeben und keine Vollkommenheit von ihm zu verlangen, werden wir fähig, in Liebe zusammenzuwachsen.

Aktives und passives Interesse

Es gibt im Grunde zwei Arten von Interesse: das aktive und das passive Interesse. Aktives Interesse erwächst aus dem Willen, ein bestimmtes Ziel zu erreichen und sich das auch zuzutrauen; es motiviert dazu, aktiv zu werden, um dieses Ziel zu erreichen, und wird mit jedem Erfolg stärker. Passives Interesse hingegen bedeutet, Angebotenes offen zu bewerten; es erwächst aus einer Position des Akzeptiert-Seins und wird umso stärker, je mehr es unterstützt wird. Seine Motivation zielt darauf, Gelegenheiten zu schaffen, etwas zu bekommen. Während das aktive Interesse dienen möchte, möchte das passive Interesse bedient werden. Diese beiden Arten von Interesse verstärken sich gegenseitig, wenn sie aufeinander treffen. Ein Mann, der sehr aktiv an einer Frau interessiert ist, erzeugt in ihr gewöhnlich ein passives Interesse. Wenn eine Frau passives Interesse an einem Mann zeigt, weckt das sein aktives Interesse an ihr.

Das passive Interesse einer Frau an einem Mann weckt sein aktives Interesse an ihr.

Deshalb sollten Frauen nie mehr geben, als sie bekommen. Wenn ein Mann mehr bekommt, als er selbst gibt, neigt er dazu, zu passiv zu werden, und verliert sein aktives Interesse daran, die Frau zu umwerben und für sie zu sorgen.

Die Verantwortung der Frau

Eine Frau ist sich zwar der Bedürfnisse in einer Beziehung stärker bewusst als der Mann, doch ist sie deswegen nicht allein für deren Erfüllung verantwortlich. Allerdings ist es an ihr, sich um die Erfüllung ihrer eigenen Bedürfnisse zu kümmern. Und zwar muss sie ihre Bedürfnisse und Wünsche artikulieren, ohne den Partner vor den Kopf zu stoßen, und zudem muss sie darauf achten, dass auch andere Menschen ihre Bedürfnisse erfüllen und nicht nur ihr Partner zur alleinigen Quelle ihrer Zufriedenheit oder Unzufriedenheit wird.

Frühling der Liebe

Verliebtsein ist wie der Frühling – eine Zeit der Unschuld, in der wir das Gefühl haben, unser Glück könnte niemals enden. Unvorstellbar, den Partner nicht zu lieben, unsere Liebe ist unendlich; eine magische Zeit, in der alles vollkommen erscheint und wie von selbst gelingt. Wir tanzen zusammen in Harmonie und gemeinsamem Glück.

Im Frühling der Liebe scheint unser Partner perfekt zu uns zu passen.

Auf den Frühling der Liebe folgt der Sommer mit schweißtreibender Arbeit, deren Früchte wir im Herbst ernten können. Im Sommer scheint es, als hätten wir den Zauber der Liebe verloren, der Herbst jedoch belohnt uns mit wahrer, tieferer Liebe.
Der Herbst ruhiger Liebe wird vom Winter abgelöst, und nun scheint es, als sei die Liebe erstorben. Dies ist aber nur vorübergehend; wir dürfen jetzt nicht Liebe vom Partner erwarten, sondern müssen in uns gehen und aus uns selbst Liebe schöpfen. Es ist an der Zeit, Vorwürfe abzubauen und unsere Bedürfnisse aus eigener Kraft zu pflegen.

Und während wir aus uns selbst Liebe schöpfen, kehrt der Frühling zurück, und mit übervollen Herzen erleben wir erneut das Wunder des Verliebtseins. Die Erinnerungen dieser vollkommenen Liebe helfen uns über den Sommer und den Winter der Liebe hinweg.

Frauen kommen noch immer von der Venus

Auch wenn Frauen heutzutage unabhängig und selbstsicher sind, sehnt sich ihre weibliche Natur immer noch nach einem Beschützer. Sie suchen nach wie vor einen Mann, der sie versorgt und beschützt, wenngleich in einem neuen Sinn.
Frauen wünschen sich von einem Mann heute, dass er die emotionale Umgebung schafft, in der sie ihre Gefühle gefahrlos erforschen und ausdrücken können. Wenn ein Mann den Gefühlsäußerungen seiner Partnerin zuhören kann, ohne negativ zu reagieren, ist sie nicht nur dankbar dafür, sondern fühlt sich auch stärker zu ihm hingezogen.

Emotionalen Rückhalt zu gewähren verlangt vom Mann eine neue Fähigkeit und Kraft.

Sicherheit ist das größte Geschenk, das ein Mann einer Frau heute machen kann. In Zeiten, in denen der Mann noch auf die Jagd ging, bedeutete Sicherheit in erster Linie physische Sicherheit, heute bedeutet sie auch emotionale Sicherheit. Eine Frau muss sich sicher fühlen, um sie selbst zu sein und sich ohne Angst vor Ablehnung, Herabwürdigung oder Bestrafung mitzuteilen. Es ist ein langer Lernprozess, bis der Mann fähig ist, diese Sicherheit zu gewähren, aber die Belohnung ist ihm sicher: Eine Frau, die weiß, dass sie vertrauen kann, bringt dem Mann viel mehr Anerkennung und Liebe entgegen.

Was Frauen glücklich macht

Frauen sind glücklich, wenn sie glauben, ihre Bedürfnisse werden erfüllt. Ist eine Frau unsicher, erschöpft oder hoffnungsleer, wenn sie wütend ist oder ihr alles zu viel wird, dann braucht sie vor allem einen treuen Gefährten, der ihr beisteht. Sie braucht das Gefühl, nicht allein zu sein. Und sie braucht das Gefühl, geliebt zu werden.
Es ist viel Einfühlungsvermögen, Verständnis, Anerkennung und Mitgefühl nötig, damit sie seine Hilfe

schließlich dankbar annehmen kann. Männer können das nicht verstehen, denn ihr Instinkt als Marsianer sagt ihnen, dass man lieber allein bleibt, solange man wütend ist.

Bei Stress braucht eine Frau menschliche Nähe,ein Mann dagegen benötigt dann seine Ruhe.

Wenn eine Frau, die unter Stress steht oder sich über etwas geärgert hat, ihre Gefühle mitteilen darf, ist das für sie ein Liebesbeweis: Es gibt jemanden, der sie der Liebe für wert befindet und ihre Bedürfnisse ernst nimmt. Sofort schmelzen Zweifel und Misstrauen hinweg, und sie kann aufhören, sich zu viel Verantwortung aufzubürden; denn sie hat verstanden, dass sie der Liebe wert ist und sie sich nicht erst zu verdienen braucht. Endlich kann sie sich entspannen, weniger geben und mehr empfangen. Es ist ihr gutes Recht.

Die selbstbewusste Frau

Manche Frauen sind von Natur aus selbstbewusst. Sie haben diese Gabe von Geburt an, so wie manche Sänger ihre begnadete Stimme. Die meisten jedoch müssen sie erst entwickeln und pflegen. Dieses Selbstbewusstsein ist in der Frau zwar angelegt, aber es muss ans Licht gebracht und eingeübt werden. Es in sich zu entdecken und zu spüren hilft der Frau, diese Facette ihres Selbst zu finden und zum Ausdruck zu bringen.

Selbstbewusstsein muss kultiviert und geübt werden.

Selbstbewusstsein bedeutet, es für selbstverständlich zu halten, zu bekommen, was man braucht. Ein selbstbewusster Mensch geht davon aus, dass andere bereit sind zu helfen und dass man nicht alles alleine tun muss.

Selbstbewusstsein unterscheidet sich von Selbstsicherheit. Wenn eine Frau zu selbstsicher und unabhängig ist, kann das ein Zeichen dafür sein, dass sie sich der Hilfe anderer keineswegs sicher ist und oft alles allein tun muss. Indem eine Frau beginnt, Selbstbewusstsein zu kultivieren, kann sie sich für die Hilfe anderer Menschen öffnen, anstatt sich zu isolieren.

Wann man über Sex spricht

Manchmal ist es einfach nicht romantisch, eine Frau beim Sex zu fragen, wie sie es gern hätte. Solche Fragen klärt man besser nachher oder zu einem unverfänglicheren Zeitpunkt. Während des Liebesakts möchte sich eine Frau den Kopf nicht über ihre Bedürfnisse zerbrechen. Sie möchte fühlen und die Empfindungen sich immer mehr entfalten lassen.
Um zu lernen, was eine Frau im Bett mag, sollte der Mann darauf achten, wie sie beim Sex auf ihn reagiert. Er muss ihr zuhören, wenn sie ihre Lust in Worte fasst, dann kann er herausfinden, wie er sie am besten befriedigen kann. Für die Frau ist der Genuss beim Sex sogar oft noch größer, wenn sie ihre Empfindungen verbal ausdrückt.

Wann hört ein Mann zu?

Die Frau kann durch ihr Verhalten die Aufmerksamkeit eines Mannes für das wecken, was sie zu sagen hat. Er ist dann am stärksten interessiert, wenn sie sein Interesse offensichtlich als sicher voraussetzt. Allein durch ihre Überzeugung, dass ihn irgend etwas ganz sicher interessiere, wächst sein Interesse – auch wenn ihn die Sache selbst weniger interessiert, denn er hat Interesse an ihr.

> *Die Frau ist das Juwel, das der Mann zum Funkeln bringt.*

Wenn ihre Ausstrahlung ihm vermittelt, dass es ihn interessieren wird, dann möchte er es auch gerne hören. Selbstbewusstsein zieht das Interesse eines Mannes auf sich. Dazu sollte sich die Frau daran erinnern, dass sie das Juwel ist, für das er die Fassung bietet, damit es strahlen kann. Solange er sich zugute halten kann, dass er sie zum Strahlen bringt, macht es ihn glücklich, in einer Beziehung auch der Gebende zu sein. Ihre Überzeugung, seiner Aufmerksamkeit wert zu sein, macht sie für ihn noch begehrenswerter und verführerischer.

Frauen und Sexualität

Frauen von heute stellen höhere Ansprüche an Sex als je zuvor. Früher bedeutete Sex, dass die Frau dem Mann Befriedigung verschaffte. Für unsere Mütter hieß Sex meist nur, dass sie etwas für ihn tat, nicht für sich selbst. Heute dagegen ist Empfängnisverhütung sicherer und einfacher denn je, und die Wünsche und Bedürfnisse der Frau sind gesellschaftlich anerkannt. Dadurch fühlen sich Frauen ermutigt, ihre Sexualität auszuleben und zu genießen. Bei vielen Frauen steigt auch das Interesse an Sex, weil sie darin das beste Heilmittel sehen, mit sich selbst und ihrer weiblichen Seite wieder in Einklang zu kommen.

Nachdem sie den ganzen Arbeitstag über in eine männliche Rolle schlüpfen musste, sehnt sie sich eigentlich auch nach einer »Frau«, die sie zu Hause liebevoll begrüßt, und nach Entspannung durch Sex. Guter Sex ist für sie ebenso befriedigend wie für ihn. Um den Stress in der modernen Arbeitswelt ertragen zu können, sucht nicht nur er Rückhalt in ihr, sondern auch sie in ihm. Dieses Problem können Mann und Frau gemeinsam lösen, indem sie neue Beziehungstechniken lernen.

Guter Sex ist für sie ebenso befriedigend wie für ihn.

Frauen macht guter Sex weicher und hingebungsvoller und lässt sie die Liebe in ihrem Herzen und die Liebe ihres Partners intensiv erleben. Die erfahrene und zärtliche Art ihres Partners lässt sie nicht im Zweifel darüber, wie viel sie ihm bedeutet. Seine leidenschaftliche und vollkommene Hingabe erfüllt ihre innerste Sehnsucht nach Liebe. Für einen wunderbaren Augenblick löst sich die immer währende Spannung in ihr, wenn sie dem tiefsten Verlangen ihrer weiblichen Seite nachgibt. So findet ihr leidenschaftlicher Wunsch, zu lieben und geliebt zu werden, Ausdruck und Erfüllung zugleich.

Wie Sex am schönsten ist

Sex kann wunderschön sein, wenn sich die Partner lieben und ihre Liebe wächst. Um im Sex Erfüllung zu finden, braucht die Frau in der Beziehung emotionalen Rückhalt; es ist aber auch wichtig, dass der Mann ihre sexuellen Bedürfnisse kennt.

Ein Mann findet vor allem dann Erfüllung in der Sexualität, wenn er das Gefühl haben kann, seine Partnerin sexuell zu befriedigen. Dazu braucht er nicht nur neue Fertigkeiten in der Beziehung, sondern auch im Bett.

Im Bett gut sein

Männer und Frauen halten heute eine Ehe ohne Leidenschaft für schlimmer als selbst die Scheidung. Keiner von beiden akzeptiert das Arrangement früherer Zeiten, bei dem der Mann sein sexuelles Verlangen in heimlichen Affären stillte, während die Frau ihr Bedürfnis nach Liebe dem Haushalt und dem Bestand der Familie opferte. Andererseits sind Seitensprünge durch Aids und andere Geschlechtskrankheiten mittlerweile bedeutend gefährlicher geworden.

Heute möchte ein Mann, dass seine Partnerin an Sex ebenso Genuss findet wie er, damit beide sich in ihrer Beziehung leidenschaftlich verbunden bleiben. Dazu brauchen sowohl der Mann als auch die Frau im Bett mehr Wissen und Fertigkeiten. Um die Leidenschaft lebendig zu erhalten, müssen beide sich ausdrücken können und fühlen, dass der andere den Sex mit ihm ebenso genießt wie sie selbst.

Die Leidenschaft am Leben erhalten

Wenn zwei Partner fähig sind, ihre Unterschiede in gegenseitiger Liebe und Respekt zu bewahren, erhalten sie die Leidenschaft in ihrer Beziehung lebendig. Werden Mann und Frau sich zu ähnlich, dann verlieren sie die gegenseitige Anziehungskraft, die Reaktion der Körperchemie; es ist langweilig, mit jemandem zusammen zu sein, der so ist wie man selbst. In einer guten Beziehung gelingt es, die positiven Eigenschaften des Partners in sich aufzunehmen.

Ein leidenschaftlicher Anfang einer Beziehung ist im Allgemeinen ein Hinweis, dass das, was uns am anderen anzieht, auch in uns latent vorhanden ist. Fühlen wir uns durch seine menschliche Wärme zu ihm hingezogen, bedeutet das, dass gerade diese Wärme auch in uns verborgen ist und danach verlangt, an die Oberfläche unseres Wesens zu kommen. Diese starke Anziehung entsteht aus unserem Bedürfnis, uns als vollständiges Ganzes zu empfinden. Unsere Liebe schenkt uns die Möglichkeit, zusammenzuwachsen und die Leidenschaft ein Leben lang zu erhalten.

Im Bett sind Frauen wie der Mond und Männer wie die Sonne

Frauen sind wie der Mond, ihr sexuelles Erleben nimmt ständig zu oder ab. Manchmal hat sie eine Vollmondphase, dann wieder eine Neumondphase. Bei Neumond oder auch Halbmond kommt sie nicht zum Höhepunkt, wie gut ihr Partner als Liebhaber auch ist. Aber auch ohne Orgasmus empfindet sie den Sex als befriedigend.
Ein Mann ist da ganz anders. Er gleicht der Sonne, die jeden Morgen strahlend aufgeht. Wenn ein Mann so erregt ist, dass ihm nach Sex zumute ist, ist er im Allgemeinen ohne Orgasmus nicht zufrieden.

> *Die Sexualität des Mannes ist wie die Sonne, die jeden Morgen strahlend aufgeht.*

Der sexuelle Zyklus einer Frau dauert etwa achtundzwanzig Tage. Manchmal befindet sie sich in der Vollmondphase ihres Zyklus, dann wieder in einer Halbmondphase, dann in der Neumondphase. In diesen Phasen variiert ihr sexuelles Verlangen, wobei es sich nie voraussagen lässt, in welcher Phase sie sich gerade befindet. Sogar die Länge des Zyklus variiert von Monat zu Monat.

Eine Frau empfindet den Orgasmus – oder Vollmondsex – wie ein Feuerwerk, während Halbmondsex mehr einem Picknick an einem schönen Frühlingstag gleicht. Sogar Sex bei Neumond ist für sie wieder anders befriedigend, etwa so, als erwache sie aus einem tiefen Schlaf. Trotzdem fühlt sie sich wunderbar, denn er hatte seinen Orgasmus. Ein Mann sollte daran denken, dass eine Frau nicht stets einen Orgasmus braucht, um zufrieden zu sein.
Ein Mann, der diesen Unterschied nicht kennt, kann sich einreden, dass da etwas nicht stimmt, wenn sie keinen Orgasmus hat, und vielleicht das Interesse verlieren. Ein Mann sollte verstehen, dass für eine Frau der Orgasmus nicht das Hauptziel ist. Seine Nähe und Zuneigung oder auch sein leidenschaftliches Begehren sind für sie ebenso ein Genuss wie der Höhepunkt.

Warum Sex so wichtig ist

Wir wissen zwar, dass für Männer die sexuelle Liebe wichtiger ist, für Frauen dagegen die romantische Liebe, aber wir verstehen im Allgemeinen den Grund nicht. Frauen unterschätzen meist, wie wichtig Sex für die Männer ist, und halten sie für oberflächlich, weil sie »immer nur das Eine« wollen.

Eine Frau gelangt aber schnell zu einem milderen Urteil, wenn sie die wahren Gründe dafür erkennt und ein tieferes Verständnis unserer sexuellen Unterschiede gewinnt, die durch unsere historische Entwicklung und soziale Konditionierung zustande kamen. Sie begreift dann, warum für viele Männer sexuelle Erregung das Tor zu ihren liebevollen Gefühlen ist.

Sex ist der Schlüssel, um das Herz eines Mannes zu öffnen, so dass er seine liebevollen Gefühle und seinen Liebeshunger gleichermaßen leben kann. Paradoxerweise entdeckt der Mann durch Sex sein Bedürfnis nach Liebe, während bei der Frau dadurch, dass sie sich geliebt fühlt, das Verlangen nach Sex erwacht.

Er möchte darüber schlafen, sie darüber reden

Der alte Ratschlag, ein Paar solle nie im Streit zu Bett gehen, ist problematisch. Wenn ein Mann wütend ist, rate ich der Frau, ihn in Ruhe zu lassen und ihn die Sache überschlafen zu lassen. Warten Sie, bis er sich beruhigt hat, bevor Sie über den Grund seiner Verärgerung sprechen.

Wenn die Frau wütend ist und der Mann ausgeglichen genug, um ihr zuzuhören, ohne selbst wütend zu werden, dann sollte er mit Fragen das Gespräch beginnen und ihr das Gefühl geben, dass sie ohne Risiko aus sich herausgehen kann.

Heute lassen Männer häufiger zu, dass die weibliche Seite ihres Wesens zum Vorschein kommt. Wenn sie wütend oder verärgert sind, suchen sie manchmal sogar das Gespräch. Dann ist es besonders wichtig, dass die Frau die Klugheit besitzt, diese Art von Gespräch hinauszuschieben, besonders wenn zuvor eine negative, schmerzliche Diskussion stattfand.

Sex und Leidenschaft

Ohne Leidenschaft wird Sex bald zu langweiliger Routine. Nur mit Liebe, sexueller Erfahrung und sinnlichen Fertigkeiten kann ein Paar sich ein leidenschaftliches und erfülltes Liebesleben bewahren. Es ist durchaus möglich, dass die Leidenschaftlichkeit eines Mannes seiner Frau gegenüber über die Jahre hinweg nicht weniger wird, sondern immer mehr.

Er erlebt nicht nur die wachsende Intensität seiner sexuellen Erregung als Genuss, sondern auch das Bewusstsein der Liebe, Wärme, Leidenschaft und Sinnlichkeit, zu der er fähig ist. Dieses Bewusstsein hebt Sex auf eine noch höhere Stufe der Leidenschaft und der Erregung.

Wenn sie seine Leidenschaft für sich fühlt, kann sie sich mit ihm in dem gemeinsamen Verlangen, sich gegenseitig Genuss zu bereiten, vereinen. Eine kluge Frau erkennt, ihm durch die körperliche Liebe ihre Liebe zu zeigen, und dies auf eine Weise, die ihm höchstes Wohlbefinden bereitet. Gleichzeitig vermittelt ihr der Sex seine Liebe zu ihr bis in die tiefsten Fasern ihres weiblichen Seins.

Sex – ja, nein oder vielleicht?

Sex ist ein Bereich in der Beziehung, in dem der Prozess des Sich-Entscheidens besonders wichtig ist. Ein Mann weiß es im Allgemeinen, wenn er bereit ist für Sex. Eine Frau dagegen mag zwar bereit für das Liebesspiel sein, muss aber erst herausfinden, ob sie jetzt wirklich will. Männer verstehen das nicht, denn wenn sie bereit sind, dann wollen sie auch.

Fragt ein Mann seine Frau, ob sie am Abend mit ihm schlafen möchte, und sie antwortet »Ich weiß nicht«, versteht er das leicht als »Nein«. Er fühlt sich dadurch abgelehnt, dabei muss sie nur mit dem Gedanken erst warm werden. Auch wenn sie eigentlich bereit ist für Sex, braucht sie für ihre Entscheidung einfach eine Weile, um sich ihrer Gefühle selbst klar zu werden. Wie in vielen anderen Lebensbereichen muss der Mann auch beim Sex erkennen, dass eine Frau mit »Ich weiß nicht« keineswegs »Nein« meint.

Eine Art, herauszufinden, ob sie ihn abweist oder nicht, ist, sie nach einem »Ich weiß nicht« zu fragen: »Will denn ein Teil von dir Sex?« Darauf würde sie fast immer positiv antworten. Mit dieser Ermutigung fällt es ihm leicht, sich Zeit zu lassen und ihr dabei zu helfen, ihre Gefühle zu erforschen. Selbst wenn sie dann zu dem Schluss kommt, dass sie doch nicht in Stimmung ist, fühlt er sich nicht so vor den Kopf gestoßen.

Leidenschaftliche Monogamie

Frauen brauchen Romantik, um das Gefühl zu haben, geliebt zu werden; der wichtigste Aspekt einer intimen, leidenschaftlichen Beziehung ist für sie jedoch Monogamie. Ein Mann kann noch so romantisch mit ihr sein, wenn er nicht monogam ist, verebbt ihre Leidenschaft. Sie braucht das Gefühl, etwas Besonderes für ihn zu sein, und nichts gibt ihr dieses Gefühl stärker, als wenn er Leidenschaft nur für sie empfindet.

Mit zunehmendem Alter wächst die Fähigkeit einer Frau, Leidenschaft zu empfinden und auszudrücken, wenn sie darauf vertrauen kann, dass ihr Partner für sie da ist. Wenn sie aber das Gefühl hat, mit einer anderen Frau verglichen zu werden oder konkurrieren zu müssen, ist es um ihre Offenheit und Hingabe geschehen.

Wenn sie den Verdacht hegt, er habe eine Affäre, verschließt sie sich. Sie braucht die klaren Verhältnisse der Monogamie, um sich wie eine zarte Rose nach und nach zu entfalten.

Aber Monogamie ist nicht nur für sie von Vorteil, sondern auch für ihn! Wenn ein Mann das Vertrauen seiner Frau und seiner Familie besitzt, fühlen auch andere, dass sie ihm vertrauen können. Ein monogames Liebesleben macht einen Mann stärker und des höchsten Vertrauens würdig.

Was einen Mann treibt

Der stärkste Antrieb in einem Mann ist das Verlangen, einer Frau zu gefallen; dieser starke Antrieb gibt ihm Kraft. Zuerst manifestiert er sich im Geschlechtstrieb; später kommt das Verlangen hinzu, für eine Frau Liebe, Respekt, Verständnis zu empfinden und sie zu umsorgen; er gewinnt weiter an Kraft. Wenn ein Mann seine Liebe körperlich, emotional, geistig und seelisch zum Ausdruck bringt, hat er seine Kräfte vollkommen entwickelt.

Sex in Vollkommenheit

Wie ein phantastischer Urlaub nach harter Arbeit oder ein Spaziergang durch einen sonnenbestrahlten, duftenden Wald im Frühling oder die Begeisterung beim Erklimmen eines Berggipfels ist auch vollkommener Sex nicht nur Erfüllung, sondern etwas, das Körper, Geist und Seele wieder jung macht. Er stärkt unsere Beziehungen grundlegend und macht den Tag schöner.

Ein Sexualleben in Vollkommenheit ist ein wesentlicher Bestandteil einer leidenschaftlichen Beziehung. Es erfüllt unsere Herzen mit Liebe und befriedigt die meisten unserer emotionalen Bedürfnisse. Ob liebevoll, leidenschaftlich, sinnlich, zärtlich oder wild, sanft oder hart, romantisch oder zielbewusst, erotisch, kühl oder heiß – in all seinen Facetten spielt Sex eine wichtige Rolle dabei, die Leidenschaft der Liebe lebendig zu erhalten.

Frauen und Quickies

Merkt eine Frau beim Sex, dass sie nicht zum Höhepunkt kommen kann, sollte sie es nicht weiter versuchen, sondern vorschlagen: »Wie wär's mit einem Quickie?« Diese Worte machen einen Riesenunterschied, denn er kann dann seine Bemühungen beruhigt einstellen und sich auf seinen eigenen Orgasmus konzentrieren.

Ein Mann muss sich viel Zeit nehmen, um eine Frau beim Sex wirklich zu befriedigen; manchmal sollte sie ihm diese Zeit ersparen.

Wenn sie nicht zum Orgasmus kommt, ist das nur dann ein Problem, wenn ihm dafür die Schuld gegeben wird. Fragt sie: »Wie wär's mit einem Quickie?«, fühlt er sich zu einem Teil erleichtert, denn er weiß, dass weder er noch sie schuld ist; dass es einfach nicht der richtige Zeitpunkt dafür ist und dass sie auch Erfüllung darin findet, wenn er ihr nur liebevolle Zuwendung schenkt, während er auf den eigenen Orgasmus zusteuert.

Einen sinnlichen Brief schreiben

Häuslicher Ärger kann sexuelle Gefühle überschatten. Die sexuellen Wünsche sind vielleicht in uns vorhanden, brauchen aber eine kleine Hilfestellung, um an die Oberfläche kommen zu können. Wenn Sie merken, dass Sie Lust verspüren, sobald Sie vom Partner getrennt sind, zu Hause aber nicht, dann schreiben Sie Ihre sexuellen Gefühle doch einfach einmal nieder, wenn Sie sie verspüren.

Schreiben Sie Ihrem Partner in einem Brief, was Sie gerne tun würden. Beschreiben Sie die Szene und Ihre Gefühle, als seien sie Wirklichkeit. Natürlich ist nicht jeder ein Schriftsteller, und manch einem fällt es schwer, sich über diese intimen Vorgänge auszulassen. Dabei lieben Frauen es ganz besonders, wenn diese Gefühle in Worte gefasst werden. Deshalb geben sie auch Unsummen für Liebesromane aus.

Fällt es dem Mann schwer, seine Gefühle schriftlich zu äußern, könnte er eine Grußkarte verwenden, auf der seine Gefühle in poetische Worte gefasst sind. Es ist ganz normal, wenn man seine Liebesgefühle nicht richtig in Worten ausdrücken kann. Wenn Sie eine Karte finden, die Ihren Gefühlen entspricht, ist das genauso gut, als wenn Sie diese Worte selbst schreiben.

Einander ergänzende Bedürfnisse

Bei Seelengefährten hat jeder der beiden etwas an sich, nach dem sich der andere so essenziell sehnt, dass die Chemie seines Körpers darauf reagiert. Dieses gegenseitige Sich-Brauchen erzeugt eine gesunde emotionale Körperchemie.

Unsere emotionale Chemie befreit uns von den Fesseln, die wir uns durch die unrealistischen Idealvorstellungen des »Traumpartners« selbst anlegen. Erlebt ein Mann erst das erregende Gefühl, dass eine Frau ihn begehrt, verblassen alle Vorstellungen und Erwartungen, wie seine Idealpartnerin sein sollte. Das Glücksgefühl, kleine romantische Gesten zu machen und ihre Empfänglichkeit dafür zu fühlen, lassen ihn seine eventuelle Kritik gegenüber ihrer äußeren Erscheinung vergessen.

Ebenso geht es einer Frau, die von einem Mann wie etwas Besonderes behandelt wird; sie vergisst schnell ihre Fixierung auf das, was sie für »ihren Typ« hält, und ihre unrealistischen Vorstellungen von einem perfekten Mann, und folgt ihrem Herzen.

Die sieben Geheimnisse ewiger Leidenschaft

Es gibt sieben Geheimtipps, wie man in einer Beziehung die Leidenschaft lebendig erhalten kann:

1. Gegensätze ziehen sich an – Akzeptieren Sie Ihre Unterschiede, und Ihre Liebe wird aufblühen. Es lebe der Unterschied!
2. Verändern und weiterentwickeln – Um interessiert und interessant zu bleiben, müssen wir uns weiterentwickeln und verändern. Verleugnen Sie nie Ihr wahres Selbst.
3. Gefühle, Bedürfnisse, Verletzlichkeit – Bleiben Sie Ihren Gefühlen treu, und hören Sie nie auf, sich Ihre Bedürfnisse auch von anderen erfüllen zu lassen.
4. Persönliche Verantwortung und Selbstheilung – Während Ihre Liebe wächst, tauchen alte, unbewältigte Gefühle auf und verlangen nach Heilung. Anstatt unserem Partner die Schuld zu geben, müssen wir tiefer in uns gehen und unsere Vergangenheit heilen.
5. Liebe, Romantik und Monogamie – Ewige Leidenschaft fällt uns nicht in den Schoß. Wir müssen in romantischen Situationen unser Bestes geben,

damit sie sich begehrt und er sich als Held fühlt.
6. Freundschaft, Selbstständigkeit und Spaß – Eine Beziehung ist nicht nur todernste Arbeit, es muss auch Raum dafür sein, sich alle Fehler zu verzeihen und gemeinsam Spaß zu haben. Schaffen Sie sich fröhliche Anlässe, um das Gestern zu vergessen und die Gegenwart zu genießen.
7. Partnerschaft und ein gemeinsames höheres Ziel – Sorgen Sie dafür, dass ein Teil Ihres gemeinsamen Lebens einem höheren Ziel außerhalb Ihrer vier Wände gewidmet ist.

Das Feuer der Leidenschaft erneut entfachen

Auch wenn die Faustregel gilt, dass zuerst die Beziehung kommt und dann der Spaß am Sex, kann liebevoller Sex eine Beziehung manchmal unglaublich verbessern. Wenn eine Frau zu Sex bereit ist, entdeckt der Mann seine Liebe für sie vielleicht neu. Und auch wenn sie sich kalt und unbeteiligt fühlt, kann Sex ihr manchmal helfen, seine Liebe wieder zu spüren und sich selbst erneut zu öffnen.
Manchmal ist ein Paar regelmäßigen Sex einfach nicht

mehr gewohnt, oder es ist im Einerlei der Alltagsroutine schon zur Gewohnheit geworden, keinen Sex mehr zu haben. Um die erloschene Glut wieder zu einem Feuer der Leidenschaft anzufachen, sind meist Beziehungstechniken nötig, die erst erlernt werden müssen. Die Leidenschaft lässt sich dann oft rasch wieder entflammen.

Ihr Genuss wird sein Genuss

Je enger die emotionale Beziehung zwischen Mann und Frau ist, umso mehr wird ihr Genuss auch sein Genuss. Wenn er körperlich in sie eindringt, schlüpft er auch emotional in sie hinein und kann dann ihre Erfüllung und Befriedigung tatsächlich wie seine eigene empfinden.

Wenn sich eine Frau dabei wunderbar fühlt, schreibt er dies sich selbst zu, und das steigert noch seine Erregung. Ihre Erfüllung bewirkt seinen Genuss und seine Erfüllung. Und schließlich hängt die Intensität seiner sexuellen Befriedigung von der ihren ab. Wenn sie nicht zum Höhepunkt kommt, meint er, sie sei nicht befriedigt. Das ist ein Irrtum, denn eine Frau kann

genauso befriedigt sein, auch wenn sie nicht immer einen Orgasmus hat.
Dieses Wissen ist für beide eine große Erleichterung. Er kann aufhören, seinen Erfolg als Liebhaber an ihren Orgasmen zu messen, und sie kann sich von der »Verpflichtung« zum Orgasmus befreien, wenn ihr Körper gerade nicht will. Stattdessen kann er seinen Erfolg an ihrer Erfüllung ablesen, und sie kann sich entspannen und Sex ohne jeden Druck genießen.

Gleichklang

Echte Seelengefährten finden mit ihren Wertvorstellungen Erwiderung beim anderen. Diese Reaktion ihrer Körperchemie inspiriert sie dazu, ihr Bestes zu geben. Wenn sie zusammen sind, entsteht ein Gleichklang zwischen dem, was dem einen wichtig ist, und dem, was für den anderen wichtig ist.
Wenn die Ansichten Ihres Partners über Familie, Arbeit, Freizeit, Politik, Geld, persönlichen Charakter, Sex, Ehe und Gott mit den Ihren harmonieren, wirkt das sehr anregend. Gleiche Wertvorstellungen zu besitzen, heißt nicht, über bestimmte Dinge immer das Gleiche zu denken und zu empfinden, aber es bedeu-

tet, dass die grundsätzliche Übereinstimmung da ist und man den Standpunkt des Partners respektieren kann und Bewunderung für ihn empfindet.

Was Frauen an Männern bewundern

Eine Frau bewundert einen Mann, wenn er sich in seinen Gefühlen kontrollieren kann und sensibel genug ist, um ihre Worte richtig bewerten zu können. Er sollte nicht kneifen und immer alles tun, was sie verlangt. Frauen fühlen sich von passiven, sich unterordnenden Männern eher abgestoßen. Sie möchten in einer intimen Beziehung nicht den Boss spielen, sondern gleichberechtigte Partner sein. Respektiert ein Mann das Grundbedürfnis einer Frau, dass man ihr zuhört, dann respektiert sie auch seine Wünsche gerne.

Was einen Mann glücklich macht

Ein Mann ist glücklich, wenn er merkt, dass er nicht geben muss, sondern dass ihm freigestellt ist zu geben, was er will. Denn er will ja geben, weil ihm die Frau viel bedeutet und er sie glücklich machen will – jedoch nicht, weil er es ihr schuldig ist. Verpflichtung schreckt ab.

Wenn ein Mann das Gefühl hat, er muss geben, weil die Frau ihm so viel gibt, ist der Spaß für ihn vorbei, das erinnert ihn vielmehr an das Abzahlen von Schulden. Die Frau ihrerseits büßt ihre Sensibilität für den Mann ein, wenn sie mehr von ihm erwartet, als er von sich aus gibt.

Sex erleben Männer und Frauen verschieden

Sex ist für Männer und Frauen ein sehr unterschiedliches Erlebnis. Ein Mann erlebt sexuellen Genuss vor allem als ein Lösen von Spannung. Für die Frau hingegen ist der höchste sexuelle Genuss mit dem langsamen Aufbau von Spannung verbunden. Je stärker sie ihr sexuelles Verlangen empfindet, desto befriedigender ist es für sie.

Sex ist für den Mann automatisch ein Testosteron-Trip bis hin zum Auslösen des Orgasmus. In Erregung trachtet er instinktiv danach, dieses Ziel zu erreichen. Seine sexuelle Erfüllung ist in der Hauptsache mit dieser Erlösung von der Spannung verbunden, wobei der Orgasmus Höhepunkt und Endpunkt zugleich darstellt.

Biologisch gesehen wartet der Samen im Körper des Mannes bereits auf diese Befreiung, während bei einer Frau die Körpersäfte erst durch Stimulation erzeugt werden. Wenn der Mann erregt ist, trachtet er bereits nach Erleichterung. In gewissem Sinne ist er bestrebt, sich zu entleeren, während die Frau danach strebt, erfüllt zu werden.

Der Mann hat das unmittelbare Bedürfnis nach Berührung seiner erogenen Zonen. Er kommt ohne viel Zutun in Erregung, aber um diese Erregung zu lösen, benötigt er Hilfe. Er ist gewissermaßen bestrebt, seine Erregung zu beenden, während die Frau danach strebt, ihre Erregung zu steigern, um ihr inneres Verlangen stärker zu empfinden.

Sie genießt es, wenn er ihr Verlangen nach Berührung ihrer erogensten Zonen allmählich steigert, sich langsam dem tiefsten Inneren ihres sinnlichen Empfindens nähert und es enthüllt. So sehr, wie er eine schnelle Befriedigung seines sexuellen Verlangens will, so sehr verlangt es sie danach zu fühlen, wie ihre Erregung wächst.

Anerkennung ist ansteckend

Hin und wieder werden Sie denken, dass Ihr Partner Sie nicht wirklich schätzt. Manche Menschen ziehen sich, wenn sie nicht genug Liebe bekommen, lieber zurück, als darum zu bitten. Sie denken bei sich: »Ich will nicht um Liebe betteln.« Aber betteln und bitten ist nicht das Gleiche. Wenn Sie nicht die Liebe und Anerkennung erhalten, die Sie brauchen, dann müssen Sie darum bitten. Bedenken Sie, dass Ihr Partner Ihnen helfen will und nur nicht genau weiß, wie. Leisten Sie ihm Hilfestellung dabei, denn Sie verdienen Anerkennung.

Versuchen Sie einmal, sich am Ende jeden Tages eine Weile Zeit zu nehmen, um sich gegenseitig Ihre Anerkennung auszudrücken. Sagen Sie sich abwechselnd: »Was mir an dir besonders gefällt, ist, dass du ...« Las-

sen Sie Ihren Partner aber auch wissen, wofür Sie sich Anerkennung wünschen, zum Beispiel so: »Ich finde, du solltest anerkennen, dass ich …«
Bedenken Sie: Anerkennung ist keine Einbahnstraße. Wenn Sie dasitzen und darauf warten, dass Ihr Partner oder Ihre Freunde Ihnen Anerkennung zollen, brauchen Sie sich nicht mehr fragen, ob Sie ihnen umgekehrt Ihre Anerkennung zum Ausdruck gebracht haben. Anerkennung ist ansteckend. Je öfter Sie anderen gegenüber Dank und Anerkennung äußern, desto freier werden diese, das Gleiche zu tun. Sagen Sie Ihrem Partner, warum Sie ihn lieben, nicht nur dass Sie ihn lieben. Kein Mensch kann jemals oft genug hören, warum er geliebt wird. Und sagen Sie es ganz präzise, denn damit fassen Sie Sinn und Bedeutung Ihrer Liebe in Worte.

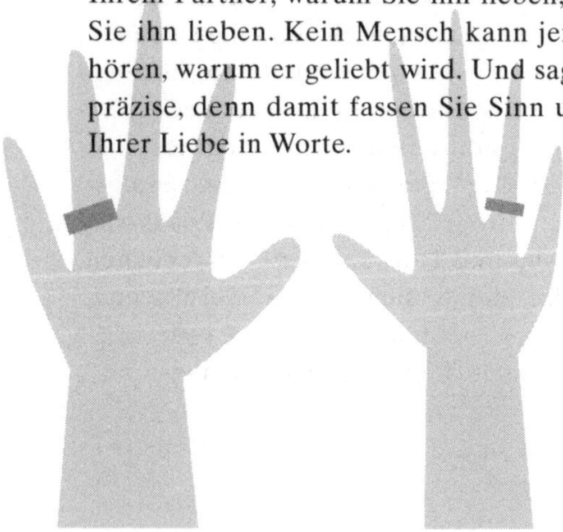

Der Zauber der Unterschiede

Gegensätzliche Menschen ziehen sich an wie Magneten. Mit wachsendem Verständnis lernen wir diese Unterschiedlichkeiten erst richtig schätzen. Sie werden nur dann zu einem Problem, wenn wir sie in ihrer Bedeutung nicht ernst nehmen. Wir fürchten dann vielleicht, dass unser Partner doch zu verschieden von uns ist und unsere Bedürfnisse niemals erfüllt werden können.

Die unterschiedlichen Wesensarten von Mann und Frau ergänzen sich in Wirklichkeit perfekt, so dass beide gemeinsam ins Gleichgewicht kommen können. Wenn ich ein sehr aggressiver Mensch bin, fühle ich mich vielleicht zu jemandem hingezogen, der ruhig und feinfühlig ist. Dadurch wird es mir möglich, selbst zu meinem eigenen Ruhepol im Unterbewusstsein vorzustoßen. Meine stark ausgeprägte Aggressivität wird durch diese Ruhe und Feinfühligkeit ausgeglichen. Auf diese Weise ziehen sich einander ergänzende Eigenschaften in uns an und erzeugen die geheimnisvollen Empfindungen, die man Körperchemie nennt.

Der schwierige Drahtseilakt

Sex ist wie ein schwieriger Drahtseilakt, bei dem Männer empfindlicher auf ein Ungleichgewicht reagieren als Frauen. Wenn ein Mann mehr Sex will als die Frau und er mit Respekt und ohne Drängen immer wieder die Initiative ergreift, dann gelingt es ihm auch, sie allmählich »auf den Geschmack zu bringen«.

Wenn hingegen eine Frau ständig mehr Sex will als der Mann und sie ihm sagt, wie unglücklich sie das macht, kann das absolut lähmend auf ihn wirken. Er hat dann das Gefühl, er sei ihr gegenüber zu einer bestimmten Leistung verpflichtet.

Wenn die Frau diejenige ist, die mehr Sex will, sollte sie darauf achten, ihre Wünsche nicht wie eine Forderung vorzubringen. Sehr hilfreich ist es, wenn sie ihm andeutet, dass sie sich gern mit sich selbst vergnügt, sollte er schon am Einschlummern sein, dass er sich aber jederzeit gerne »einmischen« darf, und sei es auch nur für die Zielgerade.

Wenn eine Frau in dieser Weise sexuell selbstständig ist und ihm die Erfüllung ihrer Bedürfnisse nicht zur Pflicht macht, stellt dies für ihn eine willkommene Einladung zu mehr Sex dar.

Bezaubernde Kleinigkeiten

Es liegt Zauber darin, wenn ein Mann Kleinigkeiten für eine Frau tut. Sie tankt sich dann regelrecht mit Liebe auf, und wenn eine Frau sich geliebt weiß, bringt sie ihrerseits dem Mann wiederum mehr Vertrauen und Liebe entgegen, dann kann sie vorbehaltlos lieben. Kleinigkeiten für eine Frau zu tun ist auch für den Mann heilsam, denn diese kleinen Erledigungen beseitigen sowohl seine Vorbehalte wie auch die ihren. Er fühlt sich stark, da er ihr die Zuwendung geben kann, die sie braucht, und sie ihm zeigt, wie dankbar sie dafür ist. So sind beide befriedigt.

Ein Mann muss wissen, dass er etwas bewirkt, eine Frau muss wissen, dass sie sich auf ihn verlassen kann.

So wie ein Mann weiterhin kleine Dinge für die Frau erledigen sollte, sollte die Frau besonders darauf achten, diese kleinen Dinge auch zu würdigen. Mit einem Lächeln und einem Dankeschön kann sie ihm zeigen, dass er einen Erfolg verbuchen kann. Ein Mann braucht diese Anerkennung, damit er weiterhin bereit ist zu geben. Wenn er glaubt, das würde für selbstverständlich erachtet, blockiert ihn das.

Andererseits muss die Frau aber auch nicht so tun, als sei das ein Jubeltag, nur weil er den Abfalleimer für sie ausgeleert hat. Sie kann es bemerken und einfach danke sagen. Allmählich wird immer mehr Liebe von beiden Seiten kommen.

Das Gleichgewicht finden

Wenn beide Geschlechter fähig sind, konzentriertes Bewusstsein und offenes Bewusstsein im Gleichgewicht zu halten, gewinnen beide an Kreativität. Wenn sie fähig sind, ihre Aktivitäten im Berufsleben der Arbeit und ihre privaten Beziehungen im Gleichgewicht zu halten, sind ihnen mehr Erfüllung und Erfolg sicher. Wenn sie ebenso aus dem Verstand wie aus ihrem Herzen heraus reagieren können, sind sie in der Lage, anderen mit Liebe und positiver Einstellung zu begegnen.

Wie kann dieses Gleichgewicht erreicht werden? Indem Sie beide Facetten Ihres Wesens, die männliche und die weibliche, verstehen, akzeptieren und respektieren. Wenn ein Mann das Weibliche in seiner Frau respektiert und liebt, kann ihm das helfen, sein Gleichgewicht zu finden. Entsprechend verhilft einer Frau die Liebe, das Vertrauen und die Anerkennung für den Mann dazu, ihr eigenes Gleichgewicht zu finden.

DEN ANDEREN EHREN UND RESPEKTIEREN

Probleme in einer Beziehung zwischen Mann und Frau werden nicht gelöst, indem man die Unterschiede leugnet. Das Konfliktpotenzial kann nur abgebaut werden, wenn man sich gegenseitig schätzt, respektiert und nach kreativen Wegen sucht, die verschiedenen Bedürfnisse zu befriedigen.

Jedes Mal, wenn wir in unseren persönlichen Beziehungen den schmerzlichen oder schwierigen Schritt zu einer positiven Lösung tun, bringen wir ein bisschen Harmonie in diese Welt. Ihre eigenen Anstrengungen machen es anderen leichter, Ihnen zu folgen.

Das innere Potenzial

Während sich in unseren Persönlichkeiten große Unterschiede ausprägen, durchdringt unser wahres inneres Potenzial zu geben unsere Geschlechtsunterschiede. Jeder von uns ist von Natur aus:

1. zielgerichtet
2. intelligent
3. kreativ
4. liebevoll
5. stark
6. entscheidungsfreudig
7. voller Selbstvertrauen.

Jeder Einzelne von uns ist eine eigene, unverwechselbare Mischung dieser grundlegenden menschlichen Eigenschaften. Natürlich hat jeder auch seine Grenzen, aber diese sind nicht geschlechtsspezifisch. Die Vorstellung, dass die Fähigkeit zu lieben, sich auszudrücken oder Verständnis aufzubringen von unserem Geschlecht abhänge, ist ein großer Irrtum. Sie schiebt Menschen in imaginäre Schubladen und hindert uns daran, unser Wesen und unsere Möglichkeiten voll zum Ausdruck zu bringen.

Geben und Empfangen

Frauen merken sehr genau, wie sich ein Mann in einer Beziehung verändert, und bringen das auch zum Ausdruck, aber sie sind sich ihrer eigenen Veränderung nicht bewusst. Auch Frauen verändern sich. Sobald sie eine feste Beziehung, eine Verlobung oder Ehe eingehen, glauben sie, dass ein Mann nun automatisch mehr für sie tut. Ihre Erwartungen steigen, und automatisch tut sie dafür auch mehr für ihn. Das hört sich wie eine gute Idee an, aber das ist es nicht.

Wenn eine Frau mehr gibt als empfängt, weiß sie die Angebote des Mannes nicht mehr zu schätzen.

Da sie das Gefühl hat, dass sie mehr gibt, findet sie die kleinen Dinge, die er für sie tut, nicht mehr so aufregend. Anstatt ihren Partner immer mehr zu schätzen, fängt sie an, ihn für selbstverständlich zu nehmen. Ihre Erwartungen steigen ständig, da sie auch eifrig darauf bedacht ist, ihm ständig mehr zu geben: Sie erledigt immer mehr Kleinigkeiten für ihn, macht es ihm noch gemütlicher, ändert ihm zuliebe eigene Pläne, macht Pläne für ihn, erledigt seine Reservierungen, macht sich Sorgen um ihn, wartet auf ihn, und

sie versucht, ihm alles recht zu machen. Und je mehr sie tut, umso weniger würdigt sie die Dinge, die er für sie tut.
Es ist in Ordnung zu geben, besser aber ist es für sie, empfangen zu lernen. Wenn ein Mann für sein Geben Anerkennung bekommt, stärkt das sein Interesse an der Beziehung und seine Energie, selbst zu geben. Daher kann eine Frau die Grundlage für eine gute Beziehung legen, indem sie sich bemüht, nicht mehr zu geben, als sie selbst erhält. Wenn sie sich empfänglich und dankbar zeigt für das, was ihr der Mann anbietet, steigen die Chancen, dass eine gute und innige Beziehung daraus wird.

Wodurch Sex gut wird

Der erste Schritt zu gutem Sex in einer Beziehung besteht darin, liebevoll und hilfreich miteinander zu kommunizieren.
Wenn der Sex schöner wird, wird plötzlich auch die Beziehung insgesamt besser. Guter Sex macht den Mann liebevoller, so dass er der Frau die Liebe schenkt, die sie vielleicht vermisst hat.
Verständigung und Intimität werden intensiver; ein

gutes Liebesleben steigert die emotionale Energie und Motivation des Mannes, aufmerksamer und interessierter mit seiner Partnerin umzugehen. Wenn Männer ihr Interesse an der Partnerin verlieren, liegt das im Allgemeinen daran, dass ihre sexuellen Bedürfnisse nicht befriedigt werden. Sex ist eben nicht nur unmittelbares Vergnügen, sondern auch der Schlüssel zum Herzen eines Mannes.

Vier magische Worte

Die vier magischen Worte, die jeden Mann beruhigen, lauten »Du kannst nichts dafür.«
Wenn eine Frau ihren Gefühlen Luft macht, sollte sie dazu hin und wieder eine Pause einlegen und ihm das Zuhören erleichtern, indem sie sagt: »Ich bin wirklich froh, dass du mir zuhörst – und wenn es sich so anhört, als wenn ich dich beschuldige, ist das nicht so gemeint. Du kannst nichts dafür.«
Eine Frau kann lernen, sensibler mit ihrem Zuhörer umzugehen, wenn sie weiß, dass er sich schnell als Versager fühlt, wenn er einen Haufen Probleme anhören muss. Natürlich kann man einen Mann nur dann beruhigen, dass er nicht schuld ist und man ihm keine Vor-

würfe macht, wenn man es auch wirklich nicht so meint.
Wenn sie ihm gegenüber aber aggressiv wird, sollte sie ihre negativen Gefühle lieber mit jemand anderem besprechen, über den sie sich nicht ärgert und der ihr die nötige Hilfe geben kann; oder auch ihre Gefühle in einem Tagebuch niederschreiben. Erst wenn sie ihr Gleichgewicht wiedergefunden hat und sich liebevoller fühlt, sollte sie wieder auf ihn zugehen und ihre Gefühle mit ihm teilen.

Zuhören – das wichtigste Ziel

Auch wenn ein Mann die neuen Beziehungstechniken gelernt hat und zuhören kann, ohne die Probleme lösen zu wollen, können ihn ihre Fragen aus dem Konzept bringen. Männer mögen im Allgemeinen ohnehin keine vielen Fragen, und so redet er dann, anstatt ihr zuzuhören.
Und je mehr der Mann redet, desto mehr Fragen stellt die Frau, und umso ärgerlicher wird er. Er fühlt sich unwohl dabei, und sie wird ihre Gedanken und Gefühle nicht mehr los. Deswegen lautet eine einfache Regel, dass ein Mann versuchen sollte, nicht mehr zu

reden als die Frau und auf ihre Fragen möglichst nur mit Gegenfragen zu reagieren.

Je länger sie sprechen darf, umso mehr fühlt sie sich angehört und umso mehr schätzt sie ihn.

Wenn eine Frau sich über etwas aufregt, neigt ein Mann dazu, seinen Standpunkt zu verteidigen. Er meint instinktiv, er müsse ihr nur sein Verständnis der Sache nahe bringen, dann würde sie sich besser fühlen. In Wirklichkeit fühlt sie sich nur besser, wenn er ihr Verständnis der Sache kennt. Sie kann sich erst entspannen, wenn sie sich verstanden und geachtet fühlt; andernfalls glaubt sie, dass sie kämpfen muss, um Gehör zu finden.

Sex und Polarität

Es gibt zwei sexuelle Polaritäten: Lust geben und Lust empfangen. Wenn ein Partner gibt und der andere empfängt, steigert sich der sexuelle Genuss rasch. Beim »polaren« Sex wechseln sich die Partner in diesen Polaritäten bewusst ab. Der eine Partner gibt, der andere empfängt. Später tauschen beide die Rollen, der Gebende wird zum Nehmenden.

Polarer Sex hat zwei Phasen. In der ersten Phase ist der Mann der Empfangende und die Frau die Gebende. In der zweiten Phase widmet er sich ihren Bedürfnissen, und sie kann sich auf ihre eigene Lust konzentrieren.

In der ersten kümmert sich der Mann nicht besonders um das Vergnügen der Frau. Natürlich möchte er, dass es auch ihr Spaß macht, aber jetzt konzentriert er sich auf seinen eigenen Lustgewinn. Die Frau ihrerseits erwartet auch nicht, dass sie ebenso in Erregung gerät wie er.

In der zweiten Phase kommt sie dann als Empfangende zum Zuge, und er konzentriert sich darauf, ihr alles zu geben. Sie hat ihm bereits alles gegeben, jetzt darf sie sich gehen lassen und allein empfangen. So bekommen schließlich beide, was sie sich ersehnt haben.

Neue Techniken der Kommunikation

Zur Verbesserung der Kommunikation in einer Beziehung gibt es für Mann und Frau neue Techniken. Was Frauen tun sollten, können sie sich leicht durch die vier V's – V wie Venus – merken: Verweilen, Vorbereiten, Verschieben und beharrlich Verfolgen. Ähnlich können sich Männer an ihre vier A's halten: Abtauchen, Ausweichen, Ausschalten, Ausdrücken. Wenn beide ihr Bestes geben, funktioniert ihre Beziehung. Ohne diese Einsichten hingegen werden Beziehungen unnötig erschwert.

Anstatt einen Mann mit einem Gefühlsschwall zu überfallen, verweilt eine kluge Frau zuerst, um den Mann darauf vorzubereiten, was er zu hören bekommt. Wenn sie ihn um etwas bitten möchte, vertagt sie das so lange, bis beide gleichermaßen positiver und hilfsbereiter Stimmung sind. Falls er vergisst, ihre Wünsche zu erfüllen, muss sie ihr Ziel verfolgen, ohne zu fordernd zu werden.

Die vier V's – Verweilen, Vorbereiten, Verschieben, Verfolgen – sind wesentliche Techniken im Umgang mit einem Marsianer.

Um erfolgreich mit einer Frau zu kommunizieren, darf sich ein Mann nicht auf die Rolle des passiven Zuhörers beschränken, sondern muss ihr Rückhalt geben und vermeiden zurückzuschlagen. Abtauchen bedeutet, keine Lösungsvorschläge anzubieten. Ausweichen bedeutet, ihre Klagen nicht persönlich zu nehmen. Gelingt es ihm, ihr mit wirklicher Sympathie zuzuhören, kann er alle ihre Vorwürfe ausschalten. Indem er sich mit seinen Kommentaren zurückhält und dann eine konstruktive Stellungnahme voller Mitgefühl und Verständnis abgibt, kann er ihr seine Hilfsbereitschaft ausdrücken.

Die vier As – Abtauchen, Ausweichen, Ausschalten und Ausdrücken – sind wesentlich, um eine Venusierin zu verstehen.

Das wohl größte Hindernis beim Einüben dieser vier Strategien besteht darin, dass Männer und Frauen sich ihrer unterschiedlichen Sprache nicht bewusst sind. Ein Mann mag diese Techniken allmählich immer besser beherrschen, aber wenn er vergisst, ihren Gefühlsäußerungen zuzuhören, empfindet eine Frau das als hoffnungslos. Ebenso mag eine Frau vielleicht Fortschritte im Umgang mit ihrem Partner machen, wenn

sie aber vergisst zu verweilen, um ihn vorzubereiten, dann fühlt er sich beschuldigt und meint, dass das Ganze nicht funktioniert.
Wenn wir die Unterschiede unserer verschiedenen Sprachen verstehen, erkennen wir leichter, dass unser Partner uns liebt und auf seine Weise sein Bestes gibt. Man braucht Zeit, um alte Gewohnheiten zu ändern und neue zu lernen, aber mit Ausdauer und liebevoller Geduld wird es uns immer leichter zu kommunizieren.

Der Sommer der Liebe

Im Sommer unserer Liebe merken wir, dass der Partner nicht so vollkommen ist, wie wir zuerst dachten. Wir müssen beginnen, an unserer Beziehung zu arbeiten. Nicht nur kommt unser Partner von einem anderen Planeten als wir, er ist auch ein Mensch, und der kann sich irren, wie man weiß.
Die ersten Frustrationen und Enttäuschungen entstehen, und wir stellen fest, dass wir nicht immer glücklich sind und nicht immer Liebe empfinden. Im Garten der Beziehung muss das erste Unkraut gejätet werden, und die Pflanzen brauchen unter der sengenden Son-

ne besonders viel Wasser. Das ist nicht unsere Vorstellung von Liebe.
Für viele Paare ist das desillusionierend. Sie möchten an einer Beziehung nicht arbeiten und erwarten einfach, dass es stets Frühling bleibt. Sie schieben ihrem Partner die Schuld zu und geben auf. Sie erkennen nicht, dass Liebe nicht immer einfach ist, sondern manchmal harte Arbeit bedeutet. Im Sommer der Liebe müssen wir uns um die Bedürfnisse unseres Partners kümmern und auch um die Liebe bitten, die wir brauchen. Das funktioniert nicht automatisch, aber mit Geduld, Wissen und Ausdauer bringen wir die Pflanze der Liebe zur Blüte.

Zeit für sich

Wenn Sie in Ihrer eigenen, abgeschlossenen Welt allein leben, ist es leicht, unangenehme oder schmerzhafte Gefühle zu verdrängen oder zu betäuben. Aus diesem Grund vermeiden viele Menschen eine enge Beziehung. Es würde sie zu große Anstrengung und Energien kosten, ihre Gefühle in Gegenwart eines anderen Menschen weiterhin zu verdrängen.
Manche Menschen halten eine Beziehung nur eine Zeit lang aus, dann ziehen sie sich physisch oder emotional von ihr zurück und schotten all ihre Gefühle ab. Man erkennt, dass man sich gegen verdrängte Gefühle wehrt, wenn man sich ohne den Partner erleichtert fühlt.

Wenn uns nach Flucht zumute ist, ist es an der Zeit, unsere innersten Gefühle zu erkunden und Negativität abzubauen.

Dies ist der Grund, warum es viele Menschen in ihren Beziehungen nach Freiraum verlangt. Sie schleppen all ihre verdrängten Gefühle mit sich herum und halten sie im Zaum, bis sie abends nach Hause kommen. Sobald sie sich dem Partner gegenüber öffnen, tauchen alle unausgesprochenen Gefühle des Alltags plötzlich auf. Aber anstatt sich mit ihnen auseinander zu setzen, lässt man sie lieber wieder in der Versenkung verschwinden.

Das soll aber nicht das echte Bedürfnis, manchmal allein zu sein, missachten. Wir alle brauchen Zeit für uns selbst, um Abstand zu der Beziehung zu gewinnen und wieder zu uns selbst zu finden. Eigenständigkeit ist ebenso wichtig wie das Bedürfnis nach Gemeinsamkeit. Sie sollte aber nicht als Entschuldigung missbraucht werden, seine Gefühle zu verstecken.

Sich nach innen und nach aussen öffnen

Da wir nicht immer ganz im Gleichgewicht sind, ist es ganz normal, dass Männer sich manchmal in sich zurückziehen, um nachzudenken, Frauen dagegen aus sich herausgehen und ihre Gefühle mitteilen. Dies zu verstehen ist wichtig, denn es hilft der Frau, toleranter zu sein, wenn ein Mann sich in sich zurückzieht und manches dabei vernachlässigt. Es hilft einem Mann auch zu erkennen, dass Frauen nicht verrückt sind, wenn sie zu sehr aus sich herausgehen und sie damit nicht mehr fertig werden.

Guter Sex ist eine Therapie

Durch Sex werden die Aversionen, die sich in einem Mann angesammelt haben, schnell weggespült. Für einen Mann gibt es keine bessere Therapie als guten Sex. Manchmal braucht ein Paar Beratung oder eine Therapie, um erfüllte körperliche Liebe ausleben zu können, doch wenn es das erst einmal erreicht hat, hält guter Sex den Mann in Schwung und den Zauber leidenschaftlicher Liebe lebendig.

Ohne regelmäßigen guten Sex vergisst ein Mann sehr schnell, wie sehr er seine Partnerin liebt. Er mag sie vielleicht noch gern und ist freundlich oder anständig zu ihr, aber er fühlt sich nicht mehr so eng mit ihr verbunden wie zu Anfang.

Ohne guten Sex werden ihre kleinen Fehler in seinen Augen allmählich immer größer. Anders als eine Frau, die über ihre Gefühle sprechen muss, um liebevoll zu sein, wird ein Mann durch erfüllte Sexualität liebevoller.

Kommunikation ist elementar in jeder Beziehung und führt auch zu gutem Sex, aber wenn eine Frau in einer Beziehung lange Zeit keinen guten Sex erlebt, versteinert sie leicht unter der Last ihrer Verantwortungen. Sie fühlt sich dann nicht nur für sich selbst verantwortlich, sondern auch für ihn; sie vergisst ihr eigenes Verlangen nach sinnlicher und sexueller Erfüllung; und ohne die liebevolle Unterstützung ihres Partners glaubt sie, keine Zeit mehr für sich selbst zu finden.

Geistige Anziehungskraft für den Mann

Nachdem ein Mann erst nur zu Frauen Beziehungen knüpft, die körperlich und emotional anziehend auf ihn wirken, beginnt er dann, auch geistige Anziehung zu empfinden. Wenn eine Frau ihn fasziniert, möchte er nicht nur ihren Körper berühren, sondern auch ihr Wesen. Er fühlt und will mehr als körperliche Anziehung und Freundschaft, denn er ist fasziniert von der Art, wie sie denkt, fühlt und wie sie ihr Leben führt.
Während sein »Blick« für Menschen wächst, findet ein Mann auch viele Frauen interessant, doch nur wenige sind für ihn etwas Besonderes. Nur wenige besitzen die Charakterzüge, die ihn am meisten anziehen. Sein feines Gespür dafür entwickelt ein Mann am ehesten dadurch, dass er nur Kontakt und Beziehungen mit Frauen sucht, die diese Wesensart besitzen. Rein körperliche Anziehungskraft oder gute Freundschaft genügen ihm dann nicht mehr. Eine Frau muss für ihn auch wirklich interessant sein.
In der Ehe kann ein Mann die geistige Anziehung steigern, indem er in einer romantischen Situation nicht sofort auf Sex drängt. Je mehr Zeit er in erregtem Zustand im Gespräch mit ihr verbringt, desto stärker

wächst sein Interesse für die Partnerin und ihre Art zu denken. Das Gleiche erreicht er, wenn sie sich am helllichten Tage lieben und anschließend reden.

Behutsames Vortasten

Ein gutes Liebesleben heißt nicht, dass man jedes Mal ein Feuerwerk erlebt, sondern dass beide Partner stets darauf bedacht sind, die Bedürfnisse des anderen nicht zu vergessen. Im Idealfall haben beide jedes Mal das Gefühl, dass sie bekommen, was sie brauchen.
Ein Mann vergisst oft, was eine Frau braucht, um beim Sex Erfüllung zu finden. Anfänglich geht er beim Sex noch langsamer vor, weil er nicht weiß, was sie mag, oder sich nicht sicher ist, ob sie seine Berührungen zulässt. Sobald sie aber regelmäßig Sex haben, wird er schnell und schneller. Er erkennt nicht, dass sie gerade seine behutsamen Bewegungen und sein langsames Vortasten erregend findet. Auch wenn ein Mann über diese Unterschiede gelesen hat, vergisst er sie im Rausch der Leidenschaft leicht, da er selbst anders empfindet.

Auf Geduld liegt der Segen Gottes

Wenn unsere Herzen offen sind, haben wir Geduld mit uns selbst und mit unserem Partner. Überkommt uns plötzlich Ungeduld, dann ist das wieder ein Zeichen, dass Kindheitsgefühle unseren Blick trüben.
Als Erwachsene haben wir gelernt, dass wir Geduld haben müssen, bis unsere Wünsche in Erfüllung gehen. Geduld ist eine Kunst und ein Zeichen von Reife. Ungeduldig sein heißt, die Dinge nicht mehr realistisch zu sehen und mehr zu verlangen, als möglich ist.
Anstatt sich über Fortschritte zu freuen, sind wir frustriert, dass alles nicht schnell genug passiert. Mit jedem Rückschlag vergessen wir unsere Fortschritte wieder.
Wenn eine Frau ungeduldig wird, verlangt sie von ihrem Partner sofortige und beständige Veränderung, anstatt zu sehen, dass er sich in einem steten Entwicklungsprozess bemüht, ihr die nötige Unterstützung zu geben. Anstatt zu resignieren oder mehr von ihm zu verlangen, sollte sie sich mehr darauf konzentrieren, ihre eigene Einstellung zu ändern. Öffnen Sie Ihr Herz und beten Sie um Geduld. Um Geduld zu bitten erinnert uns daran, dass das Leben sich nach Gottes Zeitrechnung abspielt, nicht nach unserer.

Romantische Ausflüge

Wie schon erwähnt, besteht eine der einfachsten und besten Methoden, Leidenschaft neu zu entfachen, darin, dem eigenen Heim zu entfliehen. Ein Tapetenwechsel muss manchmal sein. Lassen Sie für eine Weile das tägliche Einerlei hinter sich. Je schöner die neue Umgebung, desto besser.

Sie sollten wenigstens einmal im Monat für eine Nacht aus Ihren vier Wänden kommen. Fahren Sie in einen Urlaubsort, in die nächste Stadt oder wenigstens in ein Hotel in der Nähe. Manchmal wirkt es Wunder, nur einmal in einem fremden Bett zu schlafen.

Für Frauen ist dieser Tapetenwechsel besonders wichtig, denn er befreit sie von der ständigen Verantwortung für Haushalt und Familie. Und eine schöne Umgebung erweckt auch ihre eigene innere Schönheit zu neuem Leben.

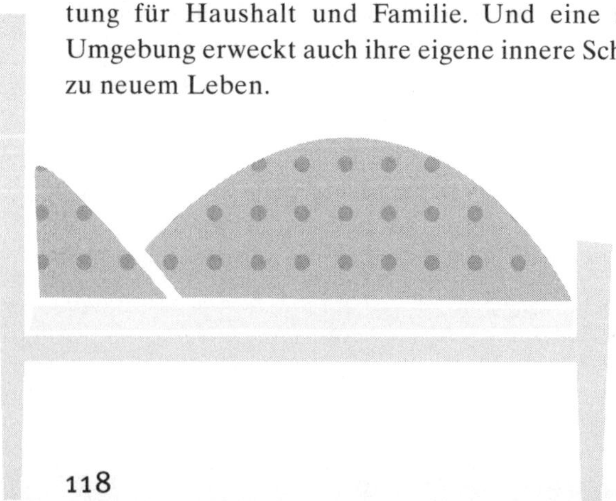

Drehbuch, Regie und Hauptrolle: Er

Wenn ein Mann eine Frau ausführt, ist das eine gute Gelegenheit für sie, dafür zu sorgen, dass auch er sich als etwas Besonderes fühlt. Wenn sie sich über das, was er ihr bietet, freut, fühlt er sich ihr näher.
Wenn er mit ihr ins Kino geht und ihr der Film gefällt, hält sich ein Teil seines Ichs dies selbst zugute. Er hat das Gefühl, als habe er selbst das Drehbuch geschrieben, Regie geführt und die Hauptrolle gespielt. Natürlich weiß er, dass das nicht stimmt, aber gefühlsmäßig empfindet er es so.
Um die Romantik der Situation zu bewahren, sollte die Frau Rücksicht auf diese Gefühle nehmen; sie muss es ihm ja nicht auch noch unter die Nase reiben, wenn ihr der Film nicht gefallen hat. Für den Mann ist eben die romantische Verliebtheit am größten, wenn er das Gefühl hat, dass er sie glücklich machen kann.

Die Macht der Liebe

Wenn unsere Herzen offen sind und wir unseren Partner lieben und respektieren, dann können wir zu ihm halten, auch wenn er nicht so vollkommen ist, wie wir vielleicht zuerst glaubten. Unsere geistige Körperchemie gibt uns die Kraft, um manchmal die in uns aufsteigenden Zweifel, Kritik, Ansprüche und Vorurteile zu überwinden. Auch wenn wir uns kurze Zeit verschließen, finden wir auf dem festen Fundament vieler liebevoller und positiver Erlebnisse leichter wieder zu unserer Liebe zurück.

Durch diese wiederholte Rückkehr zu Ihrer Liebe bekommen Sie schließlich das nötige Selbstvertrauen und die Sicherheit, den richtigen Lebenspartner zu finden. Anstatt wie viele Paare Machtkämpfe auszutragen, sind Sie aufgrund dieser geistigen Körperchemie in der Lage, den richtigen Kompromiss zu finden, sich wenn nötig zu entschuldigen und Ihrem Partner zu verzeihen, dass er nicht vollkommen ist.

Die Kunst, einem Mann Kraft zu geben

So wie Männer die Kunst erlernen müssen, einer Frau zuzuhören, um ihre primären Liebesbedürfnisse zu erfüllen, müssen Frauen die Kunst erlernen, einem Mann Kraft zu geben. Wenn eine Frau die Hilfe eines Mannes annimmt, schenkt sie ihm die Kraft, sein Bestes zu geben. Ein Mann fühlt die Kraft in sich, wenn er Vertrauen, Wertschätzung, Bewunderung und Zuneigung einer Frau besitzt und Ermutigung von ihr erhält.

Jeder Versuch, ihn zu ändern, zerstört das liebevolle Vertrauen, die Wertschätzung, Bewunderung und Ermutigung, die seine ursprünglichen Bedürfnisse darstellen.

Das Geheimnis, einem Mann Kraft zu geben, liegt darin, ihn niemals ändern oder verbessern zu wollen. Sicherlich möchten Sie das manchmal – aber tun Sie es lieber nicht. Nur wenn er direkt und ausdrücklich um Rat fragt, ist er bereit, Hilfe anzunehmen, um sich zu ändern. Für den einen oder anderen bleibt der Ausweg, zu Gott zu beten, um seinem Partner zu helfen. Beide Partner werden mit dieser Lösung glücklicher sein.

Was Männer brauchen

Ein Mann fühlt sich wohl und voller Kraft, wenn eine Frau ihn akzeptiert, liebt und ihm vertraut. Für ihn ist Sex deshalb so wichtig, weil eine Frau ihm in der Erregung buchstäblich Megadosen dessen verabreicht, was er am meisten braucht.
Wenn eine Frau sich nach Sex mit einem Mann sehnt, ist das ein Zeichen des größten Vertrauens. Sie liefert sich ihm dann nicht nur nackt und bloß aus, sondern lässt auch zu, dass er in ihren Körper und in ihr Wesen eindringt. Begehrt sie ihn auf diese Weise, dann fühlt er sich wahrhaft akzeptiert. Wenn jede seiner Berührungen lustvolle Reaktionen bei ihr auslöst, erkennt er ganz unmittelbar, wie viel er ihr bedeutet.

> *Wie ein Verdurstender in der Wüste kann sich ein Mann beim Sex endlich entspannen und in der Oase seiner Gefühle vom Quell trinken.*

Selbst nach einem anstrengenden Tag kann es wie ein Jungbrunnen auf ihn wirken, wenn seine Frau ihm liebevollen Rückhalt gibt und die körperliche Liebe mit ihm genießt. Dabei liegt es nicht einfach am Sex, wenn er sich besser fühlt, sondern daran, dass er wieder

Gefühle empfinden und ihre Liebe in sich hineinlassen kann. Er ist wieder ein ganzer Mensch. Wie ein Verdurstender in der Wüste kann sich der Mann beim Sex endlich entspannen und in der Oase seiner Gefühle vom Quell trinken.

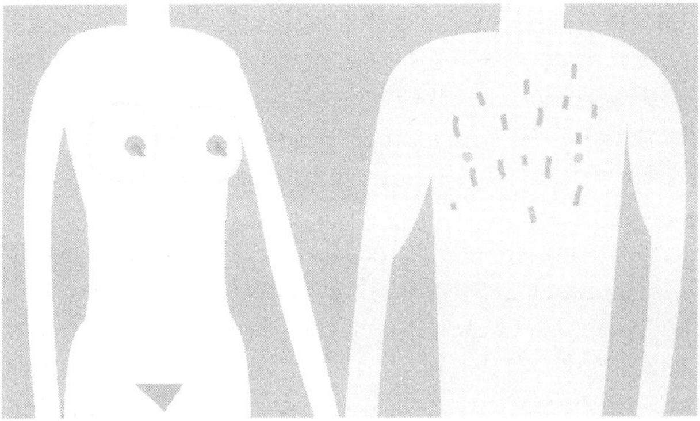

Frauen geben, was Frauen sich wünschen

Wenn eine Frau einem Mann gibt, dann öffnet er sich ihr, um mehr zu empfangen, wenn aber ein Mann einer Frau gibt, öffnet sie sich ihm, um mehr zu geben. Ohne diese Einsicht über unsere verschiedenen Reaktionen gibt eine Frau automatisch das, was sie sich selbst wünscht, und meint, dadurch wäre der Mann stärker an ihr interessiert.

Sollte ein Mann ihr gegenüber aufmerksam sein, würde ihr Interesse an ihm auf jeden Fall zunehmen. Wenn er ihr ihre Wünsche und Bedürfnisse von den Augen abliest und alles tut, um sie zu erfüllen, ist sie im siebten Himmel. Umgekehrt ist das nicht so. Ist eine Frau einem Mann gegenüber aufmerksam, erhöht das sein Interesse an sich selbst. Und wenn eine Frau für einen Mann alles tut, entspannt er sich und fragt sich, was er getan hat, um so etwas Wunderbares zu verdienen.

Eins werden

Eine echte Beziehung entsteht aus dem Wissen und Akzeptieren unserer Unterschiede. Von dieser hohen Warte des Verständnisses aus sind wir auch in der Lage, zu erkennen, worin wir uns gleichen. Aus der Erkenntnis dessen, worin wir uns gleichen, erwachsen positive Einstellungen wie Einfühlungsvermögen, Verständnis, Toleranz, bis zum Eins-Werden. Aus der Erkenntnis unserer Unterschiede erwachsen gegenseitige Anziehung, Wertschätzung, Interesse, Respekt und Erregung.

In dem Maße, wie wir aus tiefstem Herzen empfundenes, ehrliches Verständnis füreinander entwickeln, verlieren wir unsere Vorurteile, die uns voneinander trennen. Wir sehen, dass nicht unsere Unterschiede uns trennen, sondern Vorurteile über diese Unterschiede – Vorurteile, geboren aus Unverständnis.

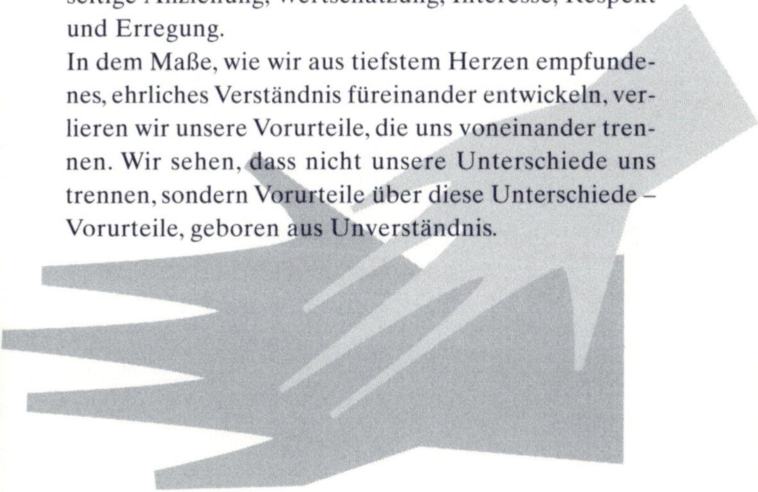

Liebe ausdrücken

Wenn Männer und Frauen in Beziehungen versagen, liegt das nicht an mangelnder Liebe. Wir alle werden mit Liebe im Herzen geboren. Wir leiden in unseren Partnerschaften darunter, dass wir nicht wissen, wie wir dem anderen unsere Liebe ausdrücken können. Es fehlt uns an Beziehungstechniken.

Manchmal kommt unsere Liebe nicht zum Ausdruck, weil sie tief im Innersten vergraben ist. Um uns gegen Schmerz zu schützen, errichten wir einen Schutzwall um uns und sperren damit auch die Liebe aus.

Viel zu viele Menschen sind in sich selbst gefangen. Sie wissen nicht, wie sie zu ihrer Liebe finden, um sie dem anderen mitzuteilen. Wir versäumen in unserem Leben unendlich viele Gelegenheiten zu lieben, wenn man uns die Grundkenntnisse des Miteinander-Kommunizierens und liebevollen Umgangs nicht lehrt.

Ihr Bestes zum Vorschein bringen

Jeder Mann hat die Kraft, das Beste in einer Frau hervorzubringen, aber nur wenige wissen das. Wenn ein Mann sich durch die Augen einer Frau betrachten könnte, würde er sehen, was ihn für sie unwiderstehlich macht. Aber es ist fast unmöglich, dass ein Mann sich selbst so sieht. Er kann sich nicht vorstellen, dass er schon hat, was eine Frau am meisten begehrt.

Man könnte meinen, dass ein Mann für eine Frau besonders attraktiv ist, wenn er Persönlichkeit hat oder besonders begabt, gut aussehend, freundlich, witzig, stark, unterhaltsam, reich, erfolgreich, klug oder interessant ist. Was ihn aber für eine Frau wirklich attraktiv macht, ist seine Fähigkeit, ihr das Gefühl zu geben, ganz Frau zu sein. Wenn er ihr gegenüber aufmerksam, interessiert und fürsorglich ist, kann sie schnell den Kopf verlieren und den Traummann in ihm sehen.

Wie sie auf ihn eingeht

Es bedeutet einem Mann sehr viel, wenn er erkennt, dass er im Leben einer Frau eine entscheidende Rolle spielt. Er lebt auf, wenn er fühlt, dass er in einer Beziehung gebraucht und geschätzt wird. Wenn eine Frau empfänglich für die kleinen Dinge ist, die er ihr entgegenbringt, bestärkt das seine Zuneigung und sein Interesse an ihr.
Eine Frau ist für Männer dann besonders attraktiv, wenn sie gelernt hat, ihnen mit den drei Attributen der Weiblichkeit zu begegnen: selbstbewusst, sensibel und dankbar empfangend.

Eine gesunde Beziehung

Wir müssen manchmal wieder daran erinnert werden, dass wir uns in einer echten Liebesbeziehung im Partner wieder erkennen. Mit diesem Gefühl der Verbundenheit und des Einsseins bekommen wir automatisch etwas zurück, wenn wir ein Bedürfnis des Partners erfüllen. Indem wir mit offenem Herzen geben, erleben wir das höchste Glück unseres Lebens.
Wenn Liebe nicht froh macht, sind wir verwirrt. Wenn

sie schwierig oder anstrengend wird, erwarten wir vom Partner, dass er uns hilft. Viele Menschen verwechseln Liebe mit Anspruchsdenken. Wir stellen die Dinge auf den Kopf und glauben, geliebt zu werden bedeutet, dass unsere Bedürfnisse erfüllt werden. In Wahrheit empfinden wir als Erwachsene die größte Liebe, wenn unsere Liebe angenommen wird.

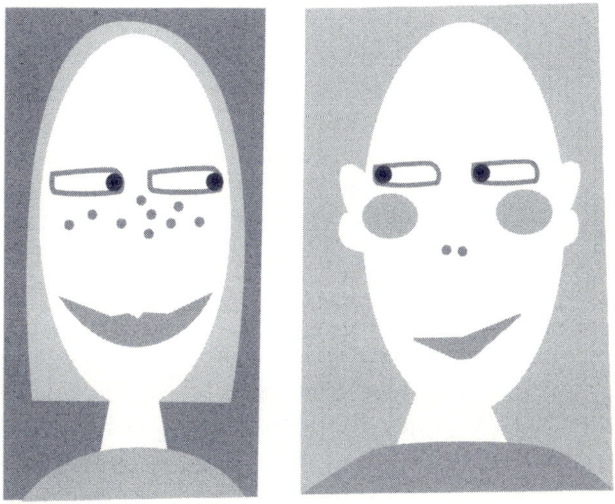

Der Wert einer Frau

Ohne Verständnis für Männer glauben viele Frauen, sie müssten irgendetwas tun, um die Liebe und Aufmerksamkeit eines Mannes zu verdienen. Diese Frauen verstehen nicht, wie wertvoll es für den Mann ist, wenn sie einfach für das Interesse zeigen, was ein Mann ihnen anbietet, denn allein das gibt ihm schon etwas zurück.

Eine Frau blüht auf, wenn ein Mann etwas für sie tut, und entwickelt Interesse an ihm. Da sie so empfindet, glaubt sie, beim Mann sei es genauso. In Wirklichkeit aber beeindruckt einen Mann mehr, wie sie auf ihn reagiert, als das, was sie für ihn tut oder tun könnte.

Die wenigsten Frauen sind sich bewusst, was sie den Männern bedeuten. Ein Mann jubelt innerlich, wenn eine Frau für seine Versuche, sie zu beeindrucken und ihr Erfüllung zu schenken, offen und empfänglich ist – es ist ein Geschenk für ihn. Er ist froh um jede Gelegenheit, sie besser kennen zu lernen, in engeren Kontakt mit ihr zu treten und sich in der Wärme ihrer Blicke zu sonnen. Ohne sie hat er nichts zu tun, dabei braucht er das; er braucht es, in einer Beziehung mit einer Frau erfolgreich zu sein, denn das schenkt seinem Leben mehr Erfüllung.

Reife bedeutet mehr Weisheit

Je reifer wir werden, desto mehr Weisheit und Selbstbeherrschung besitzen wir. Wenn wir schlechte Angewohnheiten und Süchte haben, fühlen wir uns schließlich motiviert, unser Leben umzukrempeln. Wir suchen Unterstützung bei anderen, die dabei sind, ihr Leben in Ordnung zu bringen.

Selbsthilfegruppen bieten Gelegenheit, die Körperchemie zu erleben, die in einem gemeinsamen Reifeprozess entsteht. Es gibt die verschiedensten Selbsthilfegruppen, wie etwa kirchliche Arbeitskreise, Gruppen für allein erziehende Eltern, die Anonymen Alkoholiker usw. Sie alle bieten eine wunderbare Gelegenheit, neue Freunde zu gewinnen, die uns viele Türen öffnen, um Seelengefährten zu finden.

Gefühle sind Freunde

Jeder Mensch hat die Fähigkeit, Gefühle zu empfinden, wenn sie uns auch oft nicht gefallen; aber jedes Gefühl zielt auf etwas ab und bleibt bestehen, bis dieses Ziel verwirklicht ist. Gefühle sind wie Boten unseres Unterbewusstseins an unser Bewusstsein.

Und dies sind die Botschaften, die Ihnen die vier heilenden Gefühle bringen:

1. Wenn Sie Ärger empfinden, bedeutet dies, dass etwas geschehen ist, was Sie nicht wollen. Eine Änderung oder Korrektur ist nötig.
2. Wenn Sie Trauer empfinden, bedeutet dies, dass Sie etwas verloren haben oder vermissen, was Sie brauchen oder sich wünschten. Die Fähigkeit zum Akzeptieren ist nötig.
3. Wenn Sie Angst empfinden, warnt Sie das vor einem Fehlschlag, Verlust oder Schmerz. Sie brauchen Hilfe und Rückhalt.
4. Wenn Sie Kummer empfinden, bedeutet dies, dass Sie wünschen, etwas verändern zu können, es aber nicht in Ihrer Macht steht. Sie müssen vergessen lernen.

Sie können erst dann verstehen, was Ihre Gefühle Ihnen eigentlich sagen wollen, wenn Sie den Mut

haben, sie herauszulassen und zu erforschen. Was unterdrückt wird, können Sie nie verstehen.
Ist es Ihnen je passiert, dass Sie allein dadurch, dass Sie einem Freund von einem Problem erzählt haben, die Lösung gefunden haben? Wenn Sie die ganze Wahrheit über Ihre Gefühle ausdrücken, erkennen Sie schließlich die Liebe und das Verständnis unter all Ihren negativen Emotionen.

Gleichgewicht durch Anziehung

Im Allgemeinen verbinden wir Weiblichkeit mit Wärme, Empfänglichkeit, Verletzbarkeit, Einfühlungsvermögen, Liebe und Nachgiebigkeit, Männlichkeit dagegen mit Rationalität, Aggressivität, Selbstsicherheit, kalter Vernunft, Zielorientiertheit und Entscheidungsfreude. Sofern ein Mann diese männlichen Züge besitzt, sucht er nach einem Ausgleich, indem er eine Frau liebt, die die entgegengesetzten weiblichen Wesenszüge zeigt.

Wenn ein Mann die femininen Wesenszüge einer Frau liebt, akzeptiert er seine eigene feminine Seite automatisch mehr.

Kommt er in Berührung mit ihrer Sanftheit, erweckt das seine eigene Sanftheit, dennoch bleibt er hart. Seine Kälte findet in ihrer Wärme einen Ausgleich, seine Aggressivität in ihrem Entgegenkommen, seine Selbstsicherheit in ihrer Verletzlichkeit, seine Stärke in ihrer Liebe usw. Durch diesen Prozess wird er ein Ganzes. Durch seine Liebe zu ihr kann er seine eigenen femininen Züge erkennen. Umgekehrt kann sie, wenn sie ihn liebt, ihre maskuline Seite stärker empfinden.

Dieses Paradoxon wohnt jeder liebevollen und leidenschaftlichen Beziehung inne. Es sind die Unterschiede, die uns zueinander hinziehen. Und unser inneres Potenzial, einander zu gleichen, macht es uns möglich, aufeinander einzugehen, um Intimität, Kommunikation und Nähe zu erleben.

Der Herbst der Liebe

Wenn wir im Sommer den Garten gepflegt haben, können wir im Herbst reiche Ernte einfahren, die Früchte unserer harten Arbeit. Der Herbst ist die goldene Jahreszeit, reich und voller Erfüllung. Wir erleben eine gereifte Liebe, die sowohl die Unvollkommenheiten des Partners als auch die eigenen kennt. Es ist eine Zeit des Dankens und des Teilens. Nun können wir uns entspannen und die Liebe, die wir erschaffen haben, aus vollem Herzen genießen.

Gespräche beflügeln die Romantik

Heute finden Frauen kaum noch Zeit füreinander. Mehr oder weniger haben alle viel zu viel zu tun. In Ermangelung des Rückhalts, den andere Frauen bieten können, und bedingt durch die Notwendigkeit, am Arbeitsplatz zweckbestimmt miteinander reden zu müssen, dürstet es Frauen nach der Arbeit nicht nur danach, ihre Gefühle mitzuteilen, ja sie sind geradezu ausgedörrt. Dieses neue Dilemma bietet allerdings auch wunderbare Gelegenheiten für mehr Romantik.

Männer brauchen Anerkennung und das Gefühl, gebraucht zu werden, das ist ihr wichtigster emotionaler Treibstoff. Allerdings ergibt sich ein Problem, wenn Frauen sich selbst versorgen und schützen können: Im wahrsten Sinne des Wortes werden Männer dann arbeitslos; sie verlieren den Job, auf den sie seit Jahrtausenden das Monopol hatten.
Bei Frauen kristallisiert sich ein noch nie da gewesenes Bedürfnis heraus: Sie brauchen einen Mann, um mit ihm zu sprechen, einen Partner, der teilnahmsvoll zuhört. Die heutigen Frauen haben am Ende ihres Arbeitstages das Bedürfnis, sich mitzuteilen und Gehör zu finden, und damit ist der neue Job des Mannes definiert. Diese neue Art, ihr Rückhalt zu geben, schafft eine neue Nähe zwischen Mann und Frau, eine neue Grundlage für dauerhafte Anziehung und Leidenschaft.

Die Bedeutung des Blickkontakts

Wenn Frauen sich über etwas aufregen, möchten sie, dass man das sieht. Im Gegensatz zu einem Mann möchten sie nicht in Ruhe gelassen oder ignoriert werden. Das Erste, was ein Mann dann tun sollte, ist, davon Notiz zu nehmen. Wenn sie merkt, dass er sie ansieht, kann sie sich selbst besser erkennen und ihre Gefühle erforschen.

Ein Mann hat die grundlegende Angewohnheit, beim Zuhören wegzusehen, um besser über das Gesagte nachdenken zu können. Frauen verstehen das nicht, denn wenn sie unter ihresgleichen über ihre Gefühle sprechen, bestätigen sie sich gegenseitig durch Blickkontakt.

Wenn ein Mann einer Frau einfach in die Augen starrt, während sie über ihre Gefühle spricht, schaltet er ab und entfernt sich in Gedanken von ihr. Wenn er nicht weiß, dass eine Frau mehr Blickkontakt braucht als er, wendet er seinen Blick ab, um konzentrierter darüber nachdenken zu können, was sie meint oder was er dazu sagen soll.

Ein Mann schaltet ab, wenn er Blickkontakt hält.

Blickkontakt will gelernt sein – ein Mann hilft damit nicht nur seiner Partnerin, sondern auch sich selbst, denn er hindert sich daran, ihr sofort einen Lösungsvorschlag für ihr Problem anzubieten. Er soll aber nicht nur daran denken, Blickkontakt zu halten, sondern auch darauf achten, dabei nicht abzuschalten.

Dazu sollte er sie auf besondere Weise ansehen. Er darf nicht starren, sondern sollte ihr erst zwei, drei Sekunden in die Augen blicken. Wenn er normalerweise seinen Blick abwenden würde, sollte er ihre Nasenspitze ansehen, dann ihre Lippen, ihr Kinn und schließlich das ganze Gesicht – und dann wieder von vorne beginnen.
Dieses Vorgehen zwingt ihn, stets in ihre Richtung zu blicken, ohne dabei abzuschalten. Es kann auch entspannend sein, denn er hat etwas zu tun, anstatt passiv herumzusitzen.

Wie sich eine Frau anpasst

Um mit Stress fertig zu werden, kann eine Frau sich auf sehr natürliche Weise ändern. Eigentlich ändert sie sich dabei gar nicht, sondern wird noch mehr sie selbst. Da sie ihrem Wesen nach subjektiv ist, besteht ihre Änderung darin, dass sie ihre Gefühle, Gedanken und Wünsche mitteilt, ohne sich entwürdigt zu fühlen. Das gelingt ihr aber nur, wenn man ihr mit Liebe, Verständnis und Respekt zuhört. Diese äußerst wichtigen Aspekte der Liebe bieten ihr Rückhalt und helfen ihr, ihr Gleichgewicht zu finden.

Wenn sie ihre Gefühle für sich behält, verliert sie allmählich die Fühlung mit sich selbst. Ihr Denken wird oberflächlich und unflexibel. Sie kann nicht mehr liebevoll und gewandt mit den Anstrengungen des Lebens, ihrer Arbeit und mit Beziehungen umgehen. Wenn sie versucht, durch ihr Verhalten und ihre Sprache die Liebe anderer zu gewinnen, verzehrt sie sich selbst. Wenn sie damit keinen Erfolg hat, wird sie versuchen, andere zu ändern, um die Liebe zu bekommen, die sie braucht. Damit verliert sie ihre Fähigkeit, Stresssituationen zu bewältigen. Sie ist nicht mehr in der Lage, eine wahrhaft liebevolle und positive Haltung einzunehmen.

In Stresssituationen fällt es Frauen ohne Selbstvertrauen leicht, ihr Verhalten und ihre Ausdrucksweise anderen anzupassen. Dagegen fällt es ihr ungleich schwerer, ihre Gefühle zu ändern oder zu sublimieren. Sie erweckt vielleicht nach außen den Anschein einer liebevollen Person, aber tief in ihrem Inneren tut sich ein Abgrund von Abneigungen, Misstrauen und Unzufriedenheit auf. Diese negativen Gefühle schwächen ihre Identität und ihre Beziehungsfähigkeit.

Mit der Erkenntnis, wie sie ihre negativen Gefühle durch Kommunikation oder Gesprächstherapie wiederfinden und umwandeln kann, kann es ihr aber gelingen, dieses selbstzerstörerische Verhaltensmuster aufzubrechen und zu ihrem liebevollen Selbst zurückzufinden.

Die wahre Herausforderung der Liebe

Gegensätze ziehen sich an. Wir fühlen uns zu jemandem hingezogen, der anders ist als wir. Die Herausforderung an uns lautet, diese Unterschiede zu verstehen, zu akzeptieren und zu schätzen, dann werden sie zu einem natürlichen Bestandteil unseres Selbst.

Das ist wahrhaftig eine Herausforderung, denn dieser Prozess ist nicht immer einfach. Wenn wir starke Sympathie für jemanden empfinden, deutet das darauf hin, dass es viele Unterschiede in Einklang zu bringen und viele Konflikte durchzustehen gilt. Das Gefühl der Anziehung kann von uns nicht bewusst gesteuert werden. Sicher ist nur: Wo Anziehung herrscht, warten stets viele Lektionen auf uns, sind viele Entdeckungen zu machen. Da wir uns zu Menschen hingezogen fühlen, die anders sind als wir, ist die Erkenntnis der Verschiedenartigkeit aller Menschen eine Grundvoraussetzung für eine erfüllte Beziehung.

ANZIEHUNG

Das Gefühl, voneinander angezogen zu werden, überfällt zwei Menschen ohne ihr Zutun. Um diese Anziehung in einer Beziehung aber zu erhalten, müssen sie die Fähigkeit erlernen, dem anderen Geschlecht gegenüber nicht nur die Anziehungskraft zu wahren, sondern auch Rückhalt zu geben.

Es genügt nicht, einfach nur zu sagen: »Hier bin ich; nimm mich, wie ich bin.« Die Alchemie, eine liebevolle Beziehung zu erschaffen, beruht auf einem sorgfältig abgestimmten Gleichgewicht von Geben und Nehmen.

Oft genügt die Erwartung, dass wir in einer Beziehung bekommen, was wir brauchen oder uns wünschen, um die Anziehung aufrechtzuerhalten. Ohne eindeutige Signale, dass diese Bedürfnisse auch befriedigt werden, schwindet die Anziehungskraft sehr schnell. Sehr leicht missversteht man das Verhalten und die Reaktionen des Partners und fühlt sich abgeschreckt, weil man so unterschiedlich denkt und fühlt. Eine der größten Herausforderungen zu Beginn einer Beziehung liegt darin, das Gefühl der Anziehung aufrechtzuerhalten und es im Prozess des Kennenlernens wachsen zu lassen.

Frauen und körperliche Anziehungskraft

Wenn eine Frau ihr Urteilsvermögen einsetzt und nur noch mit solchen Männern Beziehungen eingeht, zu denen sie sich geistig und emotional hingezogen fühlt, beginnt sie, ihr körperliches Interesse an ihrem Partner zu entdecken. Sie möchte nicht nur von seinem Herzen und seinem Verstand angerührt, sondern auch körperlich berührt werden. Wenn nun ein Mann ihre Hand ergreift, den Arm um sie legt oder sie küsst, empfindet sie starke körperliche Anziehung.

Erst wenn eine Frau bereits auf geistiger und emotionaler Ebene Zuneigung verspürt, entsteht auch körperliche Anziehungskraft. Nur wenige Männer können ihr in dieser Phase auf allen drei Ebenen entgegenkommen. Es gibt viele Männer, die ihr anziehend erscheinen, aber nur wenige können auch ihren Geist und ihre Seele stimulieren. Wenn sie in ihren Beziehungen an diesem Standard festhält, schärft sie in Zukunft ihr Unterscheidungsvermögen.

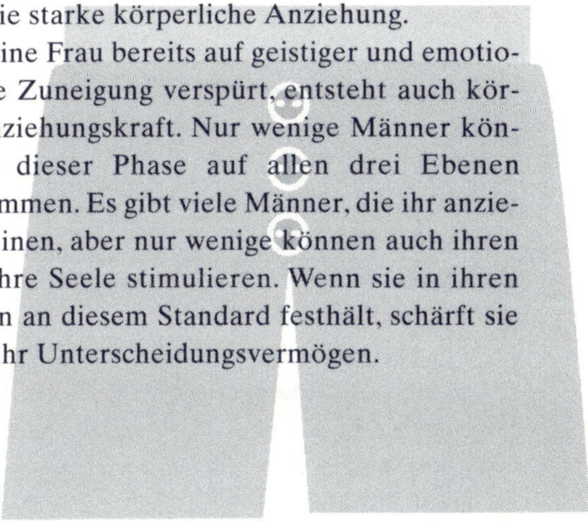

Männer und körperliche Anziehungskraft

Wenn ein Mann seiner Seelengefährtin begegnet, dann ist fast immer von Anfang an ein Funke körperlicher Anziehungskraft vorhanden. Wenn das nicht der Fall ist, könnte es einfach daran liegen, dass er nicht weiß, wie wichtig es ist, auf ein bestimmtes Niveau zu achten. Er folgt einfach nur seinem körperlichen Empfinden und lernt nicht, etwas wählerischer zu sein. Es kann passieren, dass ein Mann vorübergehend die Fähigkeit verliert, körperliches Interesse an einer Frau zu empfinden, die seine Seelengefährtin werden könnte, und sich bewusst um Frauen bemüht, von denen er genau weiß, dass sie nicht seinem Typ entsprechen.

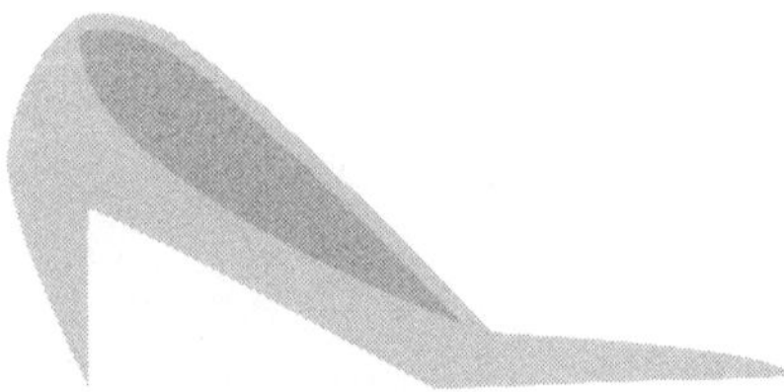

Je mehr ein Mann sein Interesse auf Frauen richtet, die er nicht lieben kann, umso weniger kann er sich zu einer Frau hingezogen fühlen, die er lieben könnte. Indem er aus Erfahrung lernt, zwischen den Frauen zu unterscheiden, zu denen er sich hingezogen fühlt, kann er schließlich die für ihn Richtige erkennen.

Körperliche Anziehung ist die erste und elementarste Ebene, die Männer durchlaufen. Normalerweise ist sie jungen Männern vorbehalten, die ihre ersten Erfahrungen machen. Auch ein gereifter Mann kann auf diese Stufe zurückfallen, wenn er sich gerade von einer gescheiterten Beziehung erholt. Ein hungriger Mann isst alles, was auf den Tisch kommt.

Körperliche Anziehung ist die Grundlage, auf der ein Mann seine erste Auswahl trifft, aber sie ist nicht vom Verstand geleitet. Eine Frau sollte bedenken, dass ein Mann sich spontan zu ihr hingezogen fühlen kann, selbst wenn er kaum mehr von ihr kennt als ihr Äußeres. Es hat noch nichts damit zu tun, wer sie ist, und bedeutet auch keineswegs, dass er sie besser kennen lernen oder eine Beziehung mit ihr eingehen möchte. Er möchte nur mehr sehen, mehr berühren und mehr fühlen.

Frauen und seelische Anziehungskraft

Aufgrund ihrer wachsenden Menschenkenntnis erkennt eine Frau schließlich auch seelische Anziehungskraft. Sie kann sich in einen Mann verlieben, der sie auf allen vier Ebenen der Anziehung anspricht. Wenn ihr Herz offen ist, erreicht sie Ebene vier, die Ebene der seelischen Anziehung.

Sie kann so manchen Mann liebenswert finden, ohne deswegen gleich anzunehmen, er sei der Richtige für sie. Sie könnte diesen Mann mehr oder weniger lieben, aber mit der Zeit lernt sie zu erkennen, wer der ideale Seelengefährte für sie ist. Mit offenem Herzen kann sie schließlich auch das Gute in ihrem Partner sehen, obwohl er weder perfekt ist, noch alle ihre Bedürfnisse erfüllen kann.

Mit wachsender Liebe kann sie erkennen, ob er der Richtige für sie ist – nicht weil er der perfekte Partner sein könnte, sondern weil sie in sich selbst eine bedingungslose Liebe verspürt, die weiß: »Das ist der Mensch, der mir bestimmt ist.« Zu dieser Erkenntnis gelangt sie nicht durch das Vergleichen möglicher Kandidaten. Sie fühlt es tief in ihrer Seele.

Das Paar muss sich wie jedes andere auch den üblichen Herausforderungen stellen, jedoch besteht eine tiefe seelische Verbindung zwischen beiden, die ihnen hilft, die in jeder Beziehung unvermeidlichen Konflikte, Frustrationen und Enttäuschungen zu überwinden.

Den Richtigen anziehen

Unabhängige und selbstständige Frauen in den Dreißigern und Vierzigern fragen mich oft, was sie tun sollten, um einen Mann anzuziehen.
Ich frage sie dann meistens, warum sie überhaupt einen Mann brauchen. Diese Frage überrascht sie immer, und sie antworten zum Beispiel: »Nun ja, ich weiß nicht, ob ich wirklich einen Mann brauche« oder »Ich glaube, eigentlich brauche ich keinen Mann, aber ich hätte gerne einen.«
Wenn diese Frauen wirklich eine dauerhafte Beziehung aufbauen wollen, müssen sie sich zuerst einmal ihrer femininen Seite öffnen, die sich nicht dafür schämt zu sagen: »Ich brauche einen Mann.«
Wenn eine Frau das Bedürfnis nach einem Mann hat, zieht ihn das an. Wenn sie aber verzweifelt nach einem

Mann Ausschau hält, schreckt ihn das ab. Auf diese Weise zieht sie sicherlich nicht den für sie Richtigen an.

Es ist schwer, Bedürfnis und Bedürftigkeit zu unterscheiden, denn viele Frauen verleugnen völlig ihre Bedürfnisse.

Wenn eine Frau sich Zeit lässt, um ihre feminine Seite zu stärken, ohne von einem Mann abhängig zu sein, geschieht etwas Wunderbares. Sie spürt ihre Sehnsucht nach einem Mann und vertraut darauf, dass sie ihn zur richtigen Zeit am richtigen Ort findet. Diese Offenheit kann sie gewinnen, wenn sie in Freundschaften mit anderen Frauen und ohne Mann Erfüllung sucht, aber offen dafür bleibt, den Rückhalt eines Mannes zu empfangen.

Wie Männer Intimität erleben

Wir müssen immer daran denken, dass ein Mann sich gefühlsmäßig an eine Frau bindet, indem er etwas für sie tut. Immer wenn er ihr Erfüllung geben kann, fühlt er sich ihr näher. Eine Frau dagegen fühlt sich ihrem

Partner besonders nah, wenn sie von ihm Liebe und Rückhalt empfängt. Dies ist ein wichtiger Unterschied. Wenn eine Frau nicht zur Ruhe kommen kann und es einem Mann nicht ermöglicht, ihre feminine Seite zu stärken, wird es ihr schwer fallen, überhaupt eine Verbindung herzustellen.

Ein einfaches Beispiel der neuen Beziehungstechnik des Zur-Ruhe-Kommens kann den Unterschied verdeutlichen: Ein Mann und eine Frau gehen auf eine Tür zu. Eine Frau, die zu viel tut, beschleunigt nun ihren Schritt, öffnet die Tür und wartet, dass der Mann hindurchgeht. Sie geben anderen, was sie selbst gern hätten und verstärken dadurch ihre Neigung, zu geben statt zu nehmen.

Um ihre feminine Seite zu stärken, sollte eine Frau sich daran halten, ihren Schritt zu verlangsamen, damit er die Tür zuerst erreicht und sie ihr aufhalten kann, dann hindurchgehen und sich bei ihm bedanken. Wenn sie ihn die Tür für sich öffnen lässt, gibt sie ihm Gelegenheit, ihr seinen Rückhalt zu beweisen.

Frauen lieben guten Sex

Guter Sex erfordert eine positive Einstellung zur Sexualität. Um sich weiterhin zu seiner Partnerin hingezogen zu fühlen, muss ein Mann spüren, dass ihr ebenso viel an körperlicher Liebe liegt wie ihm. Oftmals fühlt sich ein Mann sexuell frustriert, weil er irrtümlich davon ausgeht, seine Partnerin sei weniger an Sex interessiert als er. Man läßt sich leicht entmutigen, wenn man nicht weiß, wie verschieden Männer und Frauen Sexualität erleben.

Frauen lieben guten Sex genauso wie Männer. Es gibt jedoch einen Unterschied: Sie sehnt sich erst dann nach Sex, wenn ihre Sehnsucht nach Liebe zufrieden gestellt ist. Genauer gesagt, muss sie erst das Gefühl haben, dass sie geliebt wird und für ihn etwas Besonderes ist. Wenn ihr Herz also offen ist, öffnet sich auch das Zentrum ihrer sexuellen Begierde, und sie begehrt ihn mindestens ebenso sehr, wie er sie begehrt. Für sie ist Liebe wichtiger als Sex, aber sobald ihr Bedürfnis nach Liebe erfüllt ist, sehnt sie sich plötzlich sehr nach Sex.

Männer erobern, Frauen flirten

Wenn eine Frau eine Beziehung zu einem Mann eingehen möchte, sollte sie abwarten, bis er um sie zu werben beginnt. Wenn sie empfänglich und offen für sein Werben ist, zeigt sie das, indem sie flirtet.

Wenn eine Frau mit einem Mann flirtet, drückt sie damit das Gefühl aus, dass er vielleicht der Mann ist, der sie glücklich machen könnte; dass er vielleicht der tolle Typ ist, nach dem sie schon ein Leben lang sucht; dass er vielleicht fähig ist, ihre Bedürfnisse zu erfüllen; dass er vielleicht der Mann ist, mit dem sie etwas Besonderes erleben möchte, oder dass sie ihn vielleicht einfach nur interessant oder amüsant findet.

Flirten ist wie ein Einkaufsbummel. Eine Frau genießt es zu prüfen, was ihr gefällt und was nicht. Flirten besagt: »Ich sehe mich um, und was ich sehe, gefällt mir. Vielleicht könntest du derjenige sein, der mich glücklich macht.«

Wenn eine Frau auf das Werben eines Mannes mit einem Flirt antwortet, ist das für ihn eine äußerst aufregende Erfahrung, weil er immer nach einer Gelegenheit sucht, um sich zu bestätigen, dass er eine Frau glücklich machen kann.

Wenn eine Frau ihr Herz öffnet

Ein Mann sollte sich nicht entmutigt fühlen, wenn eine Frau sich nicht sofort körperlich von ihm angezogen fühlt. Er darf nicht vergessen, dass eine Frau wie ein Ofen ist, der sich langsam erwärmt. Wenn sie zunächst nur Freundschaft möchte, bedeutet das nicht, dass er keine Chance hätte. Gerade Frauen, die ihren Seelengefährten gefunden haben, sagen oft, dass sie zunächst nur Freunde waren und die Liebe später kam. Die Männer fügen meist hinzu, dass auf ihrer Seite schon immer körperliche Anziehung vorhanden war.

Die Macht der Berührung

Wenn ein Mann die Hände ausstreckt, um eine Frau zu berühren oder Händchen zu halten, ist das für eine Frau wunderschön. Normalerweise halten Männer Händchen, solange sie sich um eine Frau bemühen, aber irgendwann lassen sie es bleiben. Das ist sehr schade, denn eine Frau liebt es, wenn ein Mann diese Art von Kontakt zu ihr sucht. Sie fühlt sich nicht geliebt, wenn er sie nur beim Sex berühren möchte.
Wenn ein Mann möchte, dass seine Partnerin emp-

fänglich für Sex ist, sollte er sie mehrmals am Tag liebevoll berühren, ohne dass er Sex im Sinn hat. Er kann Händchen halten, seinen Arm um sie legen oder sie streicheln – ohne sexuelle Hintergedanken. Wenn er sie nur noch beim Sex berührt, fühlt sie sich missbraucht oder für selbstverständlich gehalten.

Eine Frau möchte oft und auf verschiedenste Weise berührt werden.

Wenn er ihre Hand hält, sollte er auch bei der Sache bleiben. Oft vergisst ein Mann, was er gerade tut, und sie hält dann eine schlaffe, leblose Hand in der ihren. Wenn er seine Aufmerksamkeit auf etwas anderes richtet, kann er ihre Hand ruhig loslassen; sie will ja nicht ununterbrochen Händchen halten. Es ist einfach schön für sie, einen Augenblick lang auf diese Weise Kontakt zu spüren.

Einander zu berühren ist nicht nur eine phantastische Methode, mit dem anderen Kontakt aufzunehmen und einander zu spüren, sondern hilft uns auch in schwierigen Zeiten, die eigenen Abneigungen zu vergessen und sich wieder in Liebe zu begegnen.

Männer lieben Frauen, die lächeln

Das Geheimnis der Frau, auf einen Mann anziehend zu wirken, besteht darin, in ihrer Haltung Dankbarkeit zum Ausdruck zu bringen. Wenn eine Frau die alltäglichen Segnungen des Lebens dankbar annimmt, wird sie immer attraktiver. Wenn sie sich Zeit dafür nimmt, dankbar für ihr erfülltes Leben zu sein, schenkt sie damit einem Mann das Vertrauen, sie glücklich machen zu können. Einige Augenblicke der Dankbarkeit täglich motivieren nicht nur ihren Partner, mehr zu geben, sondern helfen der Frau auch, ihr wahres Selbst zu finden.

Emotionale Anziehungskraft

Die Körperchemie der Emotionen hat viel mit der Persönlichkeit zu tun. Persönlichkeit ist, wie man sich auf die Welt und andere Menschen bezieht. Oft fühlen sich gegensätzliche Persönlichkeiten zueinander hingezogen. Manche Männer bevorzugen Frauen mit Esprit und Verve, anderen dagegen ist eine gefestigtere, ruhigere Persönlichkeit lieber. Die Möglichkeiten gehen ins Unendliche. Wir können uns zu jemandem hingezogen fühlen, der uns ähnelt, aber normalerweise fühlen wir uns stärker von jemandem angezogen, der sich von uns unterscheidet.

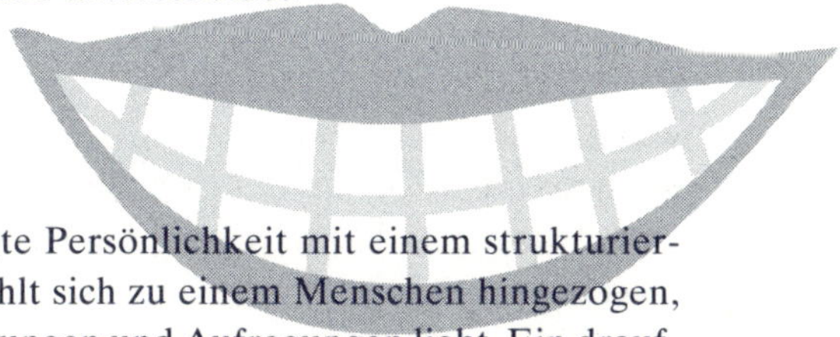

Eine gefestigte Persönlichkeit mit einem strukturierten Leben fühlt sich zu einem Menschen hingezogen, der Veränderungen und Aufregungen liebt. Ein draufgängerischer, extrovertierter Mensch kann an einer scheuen, introvertierten Person Gefallen finden. Selbstsichere Charaktere fühlen sich oft zu einem zuvorkommenden, hilfsbereiten Menschen hingezogen. Ein flatterhafter Mensch fühlt sich vielleicht von einer eher gesetzten Person angezogen.
Eine schillernde Persönlichkeit ist nicht unbedingt attraktiver als irgendjemand anderer. Unsere Körperchemie hängt davon ab, wie ein anderer unsere Persönlichkeit ergänzt. Und je mehr wir unsere Menschenkenntnis entwickeln, desto mehr fühlen wir uns zu Menschen hingezogen, mit denen wir gute Freunde sein könnten.

Uns an unsere Unterschiede erinnern

Sowohl Mann wie Frau gewinnen viel, wenn sie stets daran denken, wie verschieden wir uns sehen. Eine Beziehung zu verbessern kostet uns nicht mehr Energie, als wir sowieso schon verschwenden und muss auch nicht besonders schwierig sein. Beziehungen sind nur dann anstrengend, wenn wir nicht wissen, wie wir unsere Energien in Bahnen lenken sollen, die unser Partner anerkennen kann.

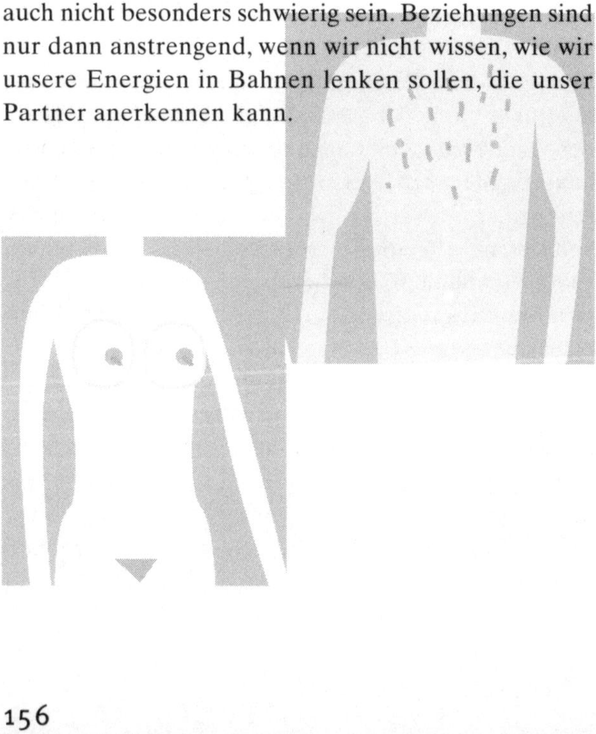

Liebe, Romantik und Monogamie

Um wahrhaft Liebe geben und empfangen zu können, müssen wir bereit sein, die Verantwortung für unsere Handlungen und Reaktionen zu übernehmen. Wenn wir gar nicht wissen, welche Art von Liebe unser Partner braucht, kann es vorkommen, dass wir kostbare Gelegenheiten verpassen.

Eine Frau fühlt sich vor allem dann geliebt, wenn der Mann ihr emotional und auch körperlich Rückhalt gibt. Es kommt nicht so sehr darauf an, was er tut, sondern darauf, dass er es beständig tut. Eine Frau fühlt sich geliebt, wenn sie spürt, dass die Liebe eines Mannes zuverlässig ist.

Wenn ein Mann eine Frau nicht versteht, neigt er dazu, etwas Großes zu tun, um sie mit einem großen Wurf zufrieden zu machen, dann aber ignoriert er sie wochenlang. Da hilft nur eine gute Kommunikation, die die Grundlage für eine liebevolle Beziehung schafft – die Romantik ist dann »das Dessert«.

Kluge Männer und Frauen

Männer verstehen im Allgemeinen nicht, wie ihr Gummiband-Verhalten – sie ziehen sich zurück, um wieder heranzukommen – auf Frauen wirkt. Hat aber ein Mann diese neuen Einsichten darüber gewonnen, wie eine Frau auf seinen Gefühlszyklus reagiert, kann er erkennen, wie wichtig ihr seine Aufmerksamkeit ist. Er versteht sie und er sorgt sich um sie. Ein kluger Mann nimmt sich die Zeit, sich auf ein Gespräch einzulassen und seine Partnerin nach ihren Gefühlen zu fragen, wenn er nicht gerade das Bedürfnis hat, sich zurückzuziehen.

Er versteht seinen eigenen Zyklus besser und beruhigt sie, denn auch wenn er sich jetzt zurückzieht, wird er doch bald wieder zu ihr zurückkommen. Er kann zum Beispiel sagen: »Ich brauche ein bisschen Zeit für mich, aber dann machen wir etwas besonders Schönes zusammen und lassen uns durch nichts stören.« Falls er das Gefühl hat, sich zurückziehen zu müssen, wenn sie schon spricht, kann er sagen: »Ich brauche etwas Zeit, darüber nachzudenken, und dann können wir weiterreden.«

Wenn er zu ihrem Gespräch zurückkehrt, fragt sie ihn

vielleicht, warum er sich entfernen musste. Falls er sich, wie es meistens der Fall ist, nicht sicher ist, kann er einfach sagen: »Ich weiß es nicht genau. Ich habe einfach nur Zeit für mich selbst gebraucht. Aber jetzt lass uns weiter sprechen.«

Wenn eine Frau das Gespräch sucht und klug ist, verlangt sie vom Mann nicht, selbst zu reden, sondern nur, dass er ihr zuhört. Dadurch fühlt er sich nicht mehr unter Druck gesetzt. Und sie wiederum lernt, sich zu öffnen und ihre Gefühle mitzuteilen, ohne dass sie von ihm Gleiches erwartet.

Sie vertraut darauf, dass er sich ihr allmählich stärker öffnet, wenn er sich akzeptiert fühlt und ihre Gefühle anhört. Weder bestraft sie ihn, noch verfolgt sie ihn. Sie hat Verständnis dafür, dass ihre persönlichen Gefühle bei ihm manchmal das Bedürfnis auslösen, sich zurückzuziehen, und dass er in anderen Momenten sehr wohl in der Lage ist, diesen Gefühlen zuzuhören. Diese kluge Frau gibt nicht auf. Geduldig und liebevoll geht sie ihren Weg, gestützt auf ein Wissen, das nur wenige Frauen haben.

Sie braucht Sicherheit, er braucht Ermutigung

Indem ein Mann seiner Partnerin immer wieder zeigt, dass sie ihm viel bedeutet, dass er sie versteht, respektiert, sie schätzt und ihr ergeben ist, erfüllt er ihr Grundbedürfnis nach Sicherheit.

Ein liebevoller Umgang zeigt einer Frau, dass sie immer geliebt wird.

Ein Mann begeht häufig den Fehler zu glauben, wenn er einmal alle Grundbedürfnisse einer Frau nach Liebe erfüllt hat und sie glücklich und zufrieden ist, dass sie dann auch in Zukunft weiß, dass sie geliebt wird. Das ist aber nicht der Fall. Um ihr Bedürfnis nach Liebe zu erfüllen, muss er daran denken, ihr seine Liebe immer wieder zu beteuern.

Gleichermaßen hat der Mann das Bedürfnis, von einer Frau ermutigt zu werden. Die ermutigende Haltung einer Frau, die Vertrauen in seine Fähigkeiten und seinen Charakter zum Ausdruck bringt, verleiht einem Mann Hoffnung und Kraft. Wenn die Haltung einer Frau Vertrauen, Wertschätzung, Bewunderung ausdrückt, spornt sie den Mann an, sein Bestes zu geben. Und dieses Gefühl der Ermutigung motiviert ihn, ihr seine Liebe zu beteuern und damit die Sicherheit zu geben, die sie braucht.

Liebe kennt kein Wenn und Aber

Liebe erwartet von Ihnen keineswegs, über alle Äußerungen und Taten Ihres Partners glücklich zu sein. Eine Frau kann ihren Mann lieben und ihm Rückhalt geben und gleichzeitig Frustrationen, Enttäuschungen, Mitgefühl, Wut, Trauer oder Angst empfinden. An manchen Tagen ist sie glücklich, an anderen nicht. Ein Teil von ihr fühlt sich mit ihm glücklich, ein Teil von ihr ist wütend auf ihn. Wenn sie Kontakt zu ihren wahren Gefühlen und Bedürfnissen hat, ist sie glücklich und empfindet Anerkennung, und das sind echte Gefühle. Gefühle sind genauso veränderlich wie das Wetter. Erst der Regen zeigt uns, wie sehr wir die Sonne schätzen.

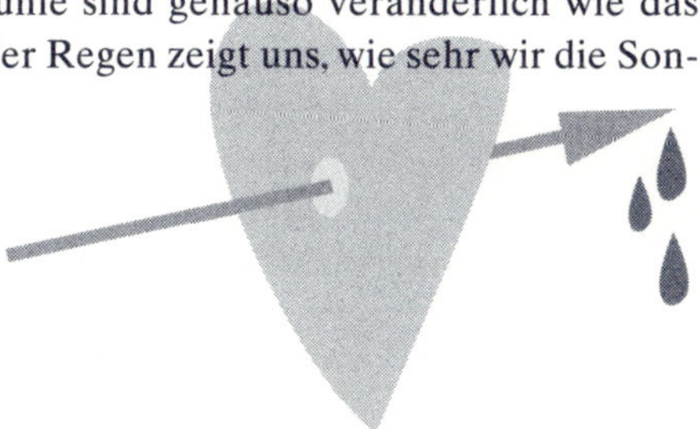

Alle Gefühle sind wichtig

Wenn eine Frau im Unglücklichsein keinen Rückhalt bekommt, kann sie nie wirklich glücklich sein. Um wahrhaft glücklich zu sein, muss sie manchmal in ihren Brunnen hinabtauchen, um ihre Emotionen loszulassen, zu heilen und zu reinigen. Das ist ein natürlicher und gesunder Prozess.

Wenn es uns bestimmt ist, positive Gefühle wie Liebe, Glück, Vertrauen und Dankbarkeit zu empfinden, überfallen uns regelmäßig auch Ärger, Trauer, Angst und Kummer. Wenn sich eine Frau in ihren Brunnen stürzt, kann sie diese negativen Gefühle heilen. Aber auch Männer müssen ihre negativen Gefühle verarbeiten, damit sie ihre positiven Gefühle wieder erleben können. So zieht sich ein Mann in seine Höhle zurück, um seine negativen Gefühle zu fühlen und zu verarbeiten oder sich mit positiven Gefühlen von ihnen zu befreien.

Frauen sind wie Wellen. Wenn eine Frau sich in der Aufwärtsbewegung befindet, kann sie mit dem, was sie hat, Erfüllung finden, in der Abwärtsbewegung aber wird sie sich dessen bewusst, was sie nicht hat. Wenn sie sich gut fühlt, kann sie das Gute in ihrem Leben erkennen und erwidern. Wenn sie abstürzt, wird

ihr liebevoller Blick trübe, und sie sieht vor allem das, was ihr in ihrem Leben fehlt.
So wie ein Glas Wasser als halb voll oder halb leer betrachtet werden kann, sieht eine Frau in ihrer Aufwärtsbewegung die Fülle ihres Lebens, in ihrer Abwärtsbewegung aber sieht sie die Leere.
Solange Männer das nicht verstehen, sind sie nicht in der Lage, ihren Frauen in dieser Wellenbewegung Rückhalt zu geben. Sie sind verwirrt, wenn die Dinge nach außen besser werden, innerhalb der Beziehung aber schlimmer. Indem sich ein Mann diesen Unterschied vor Augen führt, hält er den Schlüssel in der Hand, um seiner Partnerin, wenn sie es am dringendsten braucht, die Liebe zu schenken, die sie verdient.

Die Kraft des Verzeihens

Wenn wir unsere Herzen öffnen und ein Leben voller Liebe leben möchten, müssen wir vor allem lernen zu verzeihen. Denn wenn wir unserem Partner einen Fehler verzeihen, können wir uns auch selbst verzeihen, dass wir nicht perfekt sind.
Wenn wir in einer Beziehung nicht fähig sind zu verzeihen, ist unsere Liebe auch in allen anderen Bezie-

hungen mehr oder weniger eingeschränkt. Wir können zwar immer noch andere Menschen lieben, aber nur innerhalb gewisser Grenzen. Wenn das Herz gegenüber einem anderen Menschen blockiert ist, schlägt es auch für alle anderen schwächer. Vergebung bedeutet, den Schmerz loszulassen.
Wenn wir anderen vergeben, können wir wieder lieben und Liebe empfangen. Wenn wir uns aber selbst verschließen, können wir nur verlieren.
Je mehr wir jemanden lieben, umso stärker leiden wir, wenn wir nicht verzeihen können. Viele Menschen wurden sogar in den Selbstmord getrieben, weil sie einem geliebten Menschen nicht verzeihen konnten und den Schmerz darüber nicht ertragen konnten.

Die größte Qual unseres Lebens ist der Schmerz, wenn wir einen Menschen, den wir lieben, nicht lieben können.

Wir halten störrisch an unserer Verbitterung und unseren Ressentiments fest – nicht etwa, weil wir nicht lieben, sondern weil wir nicht verzeihen können. Würden wir nicht lieben, dann fühlten wir keinen Schmerz. Je mehr Liebe wir fühlen, desto schmerzvoller ist es, nicht zu verzeihen.

Die Kraft zu verzeihen ist in uns allen, aber wie in jeder anderen Kunst müssen wir uns darin üben. Zu Anfang fällt es uns schwer. Wir bemühen uns, unserem Partner zu verzeihen, und machen ihm am nächsten Tag erneut Vorwürfe. Es dauert eine geraume Zeit, bis man gelernt hat zu verzeihen, aber wenn man es immer wieder übt, geht es einem schließlich in Fleisch und Blut über.

Jedes Mal wenn Sie einem anderen Menschen vergeben, frohlockt der Himmelschor. Wenn Sie sich für die Liebe entscheiden und Ihr Herz nicht verschließen, tragen Sie dazu bei, dass ein Funke des göttlichen Lichts die Düsternis unserer Welt erhellt. Und Sie nehmen auch anderen die Last von den Schultern und helfen ihnen, ebenfalls zu verzeihen.

Das alltägliche Glück erkennen

Es ist nicht ungewöhnlich, dass eine Frau denkt, ihre Ehe sei glücklich, bis sie nach zehn Jahren eines Tages aufwacht und erkennt, wie unglücklich sie all diese Jahre eigentlich war. Dann weist sie ihren Partner zurück, weil er ihr keine Erfüllung geschenkt hat. So wirklich diese Gefühle in ihr vorhanden sind, sie blei-

ben doch unfair. Er ist schockiert, wenn er hört, dass sie unglücklich ist, und versichert ihr, dass er bereit ist, sich zu ändern, sie aber erklärt, sie sei es leid, dafür zu sorgen, dass die Beziehung funktioniert.
Ihr desolater Zustand ist das Ergebnis ihrer Versuche, eine Beziehung aufrechtzuerhalten, indem sie sich vorgaukelte, es sei alles in Ordnung. Sie hatte sich bemüht, liebevoll und freundlich zu sein, während sich tief in ihr Ressentiments aufbauten.

Eine Frau kann jahrelang glücklich und zufrieden wirken und plötzlich ablehnend oder deprimiert werden.

Manche Frauen verbringen ihr Leben in der Erwartung auf die Zukunft und verleugnen den Schmerz, den sie in jedem Augenblick empfinden; bei anderen laufen diese Zyklen schneller ab. Eine Frau kann in einer Woche von himmelhoch jauchzend bis zu Tode betrübt werden, bei einer anderen dauert das doppelt so lange oder sogar Jahrzehnte. Je länger sie ihren Schmerz verleugnet, umso größer wird ihre Depression, die zwangsläufig folgt.
Eine Frau, die feststellt, dass sie nicht das erhält, was sie braucht, fühlt sich zumeist als Opfer. Sie schiebt alle Schuld auf ihren Partner, anstatt Verantwortung

dafür zu übernehmen, dass sie die ganze Zeit über mehrdeutige Signale ausgesandt hat. Es ist ihr natürliches Bedürfnis, sich eine Zeit lang in der Opferrolle zu sehen, sobald sie die Situation einmal erkannt hat. Danach kann sie daran arbeiten, Verantwortung zu übernehmen.

Den Partner finden

Einen Partner zu finden ist wie jede andere Lebenskunst; es erfordert Talent, Ausbildung und Übung. Je mehr Wissen, Ausbildung und Erfahrung wir erworben haben, desto größer sind unsere Chancen. Um eine Fähigkeit zu meistern, brauchen wir diese drei Dinge gleichermaßen.

In der Ehe ist es ebenso. Manche Paare haben einen guten Start; andere dagegen brauchen Zeit, um ihre Unterschiede zu überwinden und in Einklang zu bringen. Wieder andere erleben erst nach einer langen Zeit des Kampfes den Durchbruch und genießen dann die Freuden dauerhafter Leidenschaft.

Leichtigkeit und Lebensfreude

Ein Mann reagiert fast immer ärgerlich, wenn eine Frau an »der Beziehung arbeiten« möchte. Er möchte nicht daran arbeiten, er möchte sie einfach nur leben. Ein Mann möchte in einer Beziehung hin und wieder das Gefühl haben, Urlaub zu machen und sozusagen nichts falsch machen zu können. Er möchte fühlen, dass er so bleiben soll, wie er eben ist, und dass niemand von ihm erwartet, er solle sich ändern. Wenn eine Frau sagt: »Das ist doch nicht so schlimm« oder »Das geht schon in Ordnung«, ist er erleichtert.

Wenn eine Frau ihre Probleme leicht nehmen kann, empfindet er so etwas wie Erfolg.

Wenn andererseits eine Frau Freundschaft für einen Mann empfindet, bedeutet das, dass er entspannt bleiben kann, wenn sie Ärger ablässt. Wenn er ihr nur ein wenig Mitgefühl entgegenbringt, ohne die Sache so persönlich zu nehmen, kann es auch passieren, dass sie einen Gefühlsumschwung erfährt und keine Szene macht.

Für eine Frau bedeutet Freundschaft, dass ihr Partner sich bemüht, ihr Rückhalt zu geben oder hin und wie-

der seine Hilfe anzubieten. Für einen Mann bedeutet Freundschaft, dass eine Frau versucht, nicht zu viel zu verlangen oder zu erwarten.
Seinem Partner ein guter Freund zu sein heißt aber auch, dass man nie versuchen sollte, die Laune seines Partners zu ändern oder es auf sich zu beziehen, wenn sich der Partner einmal nicht so fühlt, wie wir es gerne hätten. Wenn beide diese Lektion gelernt haben, kann sich eine Beziehung in absolut positiver Weise verändern.

Offen bleiben

Die Herausforderung, der sich Frauen in ihren Beziehungen stellen müssen, lautet, offen zu bleiben, auch wenn sie das Gefühl haben, enttäuscht oder nicht geliebt zu werden. Es ist von höchster Wichtigkeit, dass sie an sich arbeiten, um ihrem Partner mehr und mehr zu vertrauen und dabei empfänglich bleiben, sonst verlieren sie den Kontakt zu ihrer Verletzlichkeit und ihren Bedürfnissen.
Das Geheimnis wachsenden Vertrauens besteht darin, vom Partner keine Perfektion zu erwarten, aber zu glauben, dass er sie liebt. Wenn sie Verständnis

dafür hat, wie anders Männer sind, kann sie auf seine Liebe vertrauen, auch wenn er nicht die gleichen Liebesbeweise erbringt wie sie. Mit der Zeit fängt sie an zu erkennen, auf welche Weise er sie liebt. Und vor allem kann sie ausgefeiltere Beziehungstechniken anwenden, um ihm dabei zu helfen, sie zu unterstützen.

Frauen müssen lernen zu vertrauen, Männer hingegen müssen lernen, sich zu kümmern.

Um die Mauer rings um ihr Herz einzureißen, müssen Männer lernen zu lieben und zu sorgen. Er muss sich klar darüber sein, dass es harte Arbeit bedeutet, wieder zur Leidenschaft zurückzufinden. Manchmal wird es ihm vorkommen wie das Hantieren mit schweren Gewichten.

Wenn sein Herz nicht hinter einer Mauer versteckt ist, fallen ihm die Dinge leicht. Sobald sein Engagement aber für selbstverständlich gehalten wird, wächst die Mauer aufs Neue. Jedes Mal, wenn er meint, dass seine Bemühungen nicht gewürdigt werden, kommt ein Mauerstein hinzu.

Sobald er bewusst anfängt, kleine Dinge für sie zu tun, die sie schätzt, stoppt der Mauerbau wieder, und sei es auch nur für Augenblicke. Wenn seine Entschlossenheit erlahmt und die Mauer plötzlich wieder höher ist, fühlt er sich erschöpft von der Anstrengung und möchte sich am liebsten nur noch in seine Höhle zurückziehen. Schließlich kann ein Mann die Bequemlichkeit, sich um nichts zu kümmern, überwinden und wieder hervorkommen, wenn er sich der nötigen Anstrengungen bewusst ist, um sein Herz wieder zu öffnen. Wenn er sich aber überwindet, wird er merken, dass seine Persönlichkeit an Stärke gewonnen hat. Mit dieser neuen Stärke wird ihm der Weg, der vor ihm liegt, nicht mehr so steinig erscheinen, und er fühlt sich motiviert wie nie zuvor, seiner Partnerin zu gefallen.

Liebe: das zentrale Bedürfnis

Der Mensch mit all seinen physischen, emotionalen, geistigen und seelischen Bedürfnissen ist ein unglaublich kompliziertes Wesen. Wenn wir auf einer oder mehrerer dieser Ebenen Frustrationen erleben, kann das unsere ganze Persönlichkeit erschüttern. Unter diesen Bedürfnissen gibt es eines, das so fundamental und lebenswichtig ist, dass, wenn es unerfüllt bleibt, der ganze Mensch darunter leidet. Es ist das Bedürfnis nach Liebe – der eigenen Liebe und der Liebe anderer.

Fehlt die Liebe, dann stürzen wir uns in alle möglichen anderen Probleme.

Die wesentliche Ursache für Unzufriedenheit und Frustration des Menschen ist ein Mangel an Liebe. Dieses fundamentale menschliche Bedürfnis hat Vorrang vor allen anderen. Ohne Liebe können Sie nie echte Erfüllung empfinden. Sie ist das sichere Fundament, auf dem Sie ein erfolgreiches Leben aufbauen können. Was immer Sie auch besitzen, Sie können es erst dann voll und ganz genießen, wenn Sie Liebe für sich selbst empfinden und mit Menschen, die Ihnen etwas bedeuten, Ihr Leben teilen dürfen. Was immer Sie im Leben erreichen, es kann nie Ihr fundamentales Bedürfnis nach Liebe stillen.

Die Einheit von Seelengefährten

Unser Seelengefährte besitzt Eigenschaften und Qualitäten, die wir unbewusst in uns selbst finden möchten. Durch die Liebe zu diesem Menschen beginnen wir, diese in uns verborgenen Qualitäten zu akzeptieren und zu erwecken. Es ist eine Neuentdeckung des Ichs, die uns mehr Erfüllung bringt.

Wir streben nach Einheit mit unserem Seelengefährten, um innere Ganzheit zu erfahren. Beim Zusammenwachsen in diese Ganzheit spüren wir immer stärker, dass unsere Beziehung vorbestimmt war. Unser Partner ist zwar nicht vollkommen, aber in ihm haben wir den besonderen Menschen gefunden, mit dem wir das Leben teilen wollen. Es ist ein Wink des Himmels.

Sexualität in der Beziehung

Guter Sex erinnert Mann und Frau an die zärtliche und starke Liebe, die sie ursprünglich zusammenbrachte. Bei gutem Sex werden in Körper und Gehirn chemische Botenstoffe freigesetzt, die den Partner aufs höchste genießen lassen. Sex steigert unsere Anziehungskraft, aktiviert ungeahnte Energien und stärkt sogar die Gesundheit. Er schenkt uns nicht nur ein Feuerwerk jugendlicher Vitalität, sondern auch ein gesteigertes Bewusstsein für Schönheit, den Zauber der Situation und Zuneigung zueinander und zur ganzen Welt. Guter Sex ist Gottes spezielles Geschenk für diejenigen, die hart an sich arbeiten, um die Liebe in den Mittelpunkt ihres Lebens zu stellen.

Der Weg ist das Ziel

Wenn eine Frau von ihrem Arbeitstag erschöpft nach Hause kommt, ist es ihr fast unmöglich, sich so zu entspannen, dass sie einen sexuellen Höhepunkt erleben kann. In einem solchen Moment ist ihr vielmehr nach Ankuscheln, nach Zuneigung und liebevoller Umarmung. Wenn der Mann sie im Arm hält und auf zärtliche Weise und ohne sexuelle Absichten seine Liebe zu ihr ausdrückt, kann sie sich in dem Wissen entspannen, dass an sie keine Forderungen gestellt werden. Das ist für sie einfach himmlisch, ähnlich wie das, was der Mann nach einem Höhepunkt empfindet.

Es ist wichtig, Verständnis für dieses weibliche Bedürfnis zu haben, sonst nimmt sich der Mann nicht die Zeit, seiner Partnerin diese Art liebevollen Rückhalts zu schenken. Die nicht sexuelle körperliche Berührung, die keine weitere Absicht verfolgt, wird von Frauen in einer Weise erlebt, die sich kein Mann vorstellen kann. Für die Frau hat diese Berührung den gleichen Stellenwert wie für den Mann der Sex.

Gutes Geben und Nehmen

Durch bessere Kommunikation kann ein Mann lernen, wie er seine Partnerin besser unterstützen kann, ohne sich dabei zu überfordern. Bei jedem Schritt motiviert ihn ihre Anerkennung, weiter zu gehen. Das verlangt ihm weder ein größeres Opfer ab, noch fühlt er sich herumkommandiert.

Männer wollen Versorger sein. Sie möchten es sich selbst zuschreiben, dass ihre Frau glücklich ist, und sie sind selbst glücklich, wenn sie ihr etwas Besonderes bieten können. Sie haben das Bedürfnis, die Anerkennung einer Frau zu spüren; das ist die Liebe und der Rückhalt, den ein Mann sich von einer Frau am sehnlichsten wünscht.

Frauen und Männer ergänzen einander auf wunderbare Weise. Männer lieben es, wenn sie sich um ihre Partnerin kümmern dürfen, während Frauen das

Gefühl lieben, von jemandem umsorgt zu werden. Natürlich kümmern sich Frauen auch liebend gern um ihren Partner, aber vor allem empfinden sie das Bedürfnis, sich umsorgt zu fühlen. Ich habe noch nie eine Frau sagen hören: »Mein Partner ignoriert mich total, aber ich liebe es trotzdem, ihm alles zu geben.«

Wie ein Mann Liebe empfindet

Ein Mann kann es fühlen, wenn er sein Ziel erreicht hat. Nachdem seine männliche Seite eine Aufgabe erfolgreich erledigt hat, kommt die weibliche Seite zur Geltung, und er empfindet Erfüllung. Wenn er seine eigenen Wünsche befriedigen und auch seiner Partnerin Erfüllung bringen kann, entspannt er sich und genießt ein Gefühl von Frieden, Liebe und Freude.

In gewisser Weise hat er seine Aufgabe erfüllt, wenn er und seine Partnerin einen Orgasmus erlebt haben, und er fühlt sich durch ihre Anerkennung und tiefe Liebe zu ihm reich belohnt.

Wenn er zuerst seine Partnerin zum Höhepunkt bringt, ist sie danach bereit, alles für seinen Orgasmus zu tun. Wenn sie ihren Orgasmus erlebt hat, kann sie ihm die Fülle ihrer Liebe und Zuwendung uneingeschränkt zum Ausdruck bringen. Im Augenblick seines Höhepunkts wird er eins mit ihr und empfängt ihre höchste Liebe. In diesem kostbaren Augenblick kann er sie uneingeschränkt in sich einströmen lassen.

Wenn er weiß, dass sie von ihm erfüllt ist und die allergrößte Wertschätzung für ihn empfindet, ist das für ihn das höchste der Gefühle. Mehr denn je kann er ihre Liebe in sich einlassen, tief in seinem Herzen Liebe empfinden und seine tiefe Ergebenheit für sie zum Ausdruck bringen.

Die zwölf Arten von Liebe

Die meisten unserer emotionalen Bedürfnisse können als Bedürfnis nach Liebe zusammengefasst werden. Mann und Frau haben sechs elementare Liebesbedürfnisse, die alle gleichermaßen wichtig sind. Männer brauchen vor allem Vertrauen, Akzeptanz, Anerkennung, Bewunderung, Zustimmung und Ermutigung. Frauen brauchen vor allem Behütetsein, Verständnis, Respekt, Hingabe, Anerkennung und Ermutigung. Die schwierige Aufgabe, herauszufinden, welche Bedürfnisse unser Partner im Besonderen hat, wird sehr erleichtert, wenn man diese zwölf Arten der Liebe kennt.

Es fällt einer Frau leicht, das zu geben, was sie selbst braucht, und dabei zu vergessen, dass ihr Lieblingsmarsianer vielleicht etwas anderes benötigt. Desgleichen neigen auch Männer dazu, sich auf ihre Bedürfnisse zu konzentrieren und aus dem Blick zu verlieren, dass die Art Liebe, die sie brauchen, nicht immer die richtige ist für die Venusfrau ihres Herzens.

Dieses neue Verständnis der Liebe beinhaltet die durchschlagende Einsicht, dass diese verschiedenen Arten von Liebe wechselseitig aufeinander wirken. Wenn ein Marsianer zum Beispiel sein Sich-Kümmern und sein Verständnis zum Ausdruck bringt, reagiert die Venusfrau automatisch darauf, indem sie ihm das Vertrauen und die Anerkennung schenkt, die er braucht. Wenn umgekehrt eine Venusfrau ihr Vertrauen zum Ausdruck bringt, beginnt ein Marsianer von sich aus, sich auf eine Weise um sie zu kümmern, wie sie es braucht.

Die Logistik des Vorspiels

Mit ihrem für die Außenwelt so offenen Bewusstsein lassen Frauen sich oft von ihrer Umgebung ablenken oder beeinflussen, vor allem, wenn es ihre eigenen Bedürfnisse angeht. Wenn eine Frau »dran« ist, sich zu entspannen, fallen ihr plötzlich unbezahlte Rechnungen ein oder die Frage, ob die Haustür auch verschlossen ist.

Männer müssen erkennen, dass beim Liebesspiel für Frauen die Umgebung sehr wichtig ist. Ein schönes Ambiente bewirkt da viel. Eine brennende Kerze, gedämpftes Licht, leise Musik – all das macht einen riesigen Unterschied.

Symbole der Liebe

Eine Frau braucht Symbole der Liebe. Wenn ein Mann einer Frau zum Beispiel Blumen mitbringt, versteht sie das als Bestätigung ihrer eigenen Schönheit und Weiblichkeit. Frauen lieben es, von Zeit zu Zeit Blumensträuße zu bekommen; sie sehen in ihnen ein Symbol seiner Liebe. Es ist schade, wenn ein Mann glaubt, sie würde der Blumen überdrüssig oder müde und

deshalb aufhört, durch die Blume zu ihr zu sprechen. Große oder kleine Geschenke, alle haben eine sehr wichtige romantische Funktion, denn sie sagen einer Frau, dass sie etwas Besonderes ist. Geschenke zu machen ist ein Weg, das Bedürfnis der Frau nach Bestätigung zu würdigen.
Kleine Briefe sind ebenfalls gute Liebessymbole – kurze Botschaften, wenige Zeilen, die Zuneigung ausdrücken. Sie müssen nicht besonders originell oder kreativ sein, sagen Sie einfach immer wieder das, worauf es Ihnen ankommt. Solange die Zettelchen ausdrücken, was Sie fühlen, erfüllen sie ihren Zweck. Einige der wesentlichsten Merker sind: Ich liebe Dich. Ich vermisse Dich. Du bist mein Augenstern. Vergiss nie, dass Du mir viel bedeutest.

Ihr zu Gefallen

Eine Frau sollte stets daran denken, dass sie das Juwel ist und der Mann für die Fassung sorgt, damit es strahlen kann. Anstatt sich darauf zu konzentrieren, ihn zu erfreuen, weil er sic so glücklich macht, sollte sie ihn gewähren lassen und ihr Gefallen daran zum Ausdruck bringen. Anstatt ihr eigenes Leben für ihn zu stoppen,

sollte sie ihn sein Interesse beweisen lassen, indem er seine Pläne nach ihr richtet.
Wenn eine Frau einem Mann erlaubt, ihr kleine Opfer zu bringen, vermittelt ihr das nicht nur das Gefühl, etwas Besonderes zu sein – auch er ist von ihrer Einzigartigkeit überzeugt. Denn wenn ein Mann seine Liebe in Taten umsetzt, empfindet er seine Liebe immer stärker. Die Frau wird für ihn attraktiver, wenn er nur etwas für sie tun darf.
Wenn ein Mann auf der Jagd nach einer Frau ist, muss sie gar nichts tun, um sein Interesse zu erwecken, denn er ist bereits interessiert. Je mehr er gibt und je mehr sie huldvoll empfängt, umso größer wird sein Interesse. Ohne dieses Wissen kann eine Frau einen Mann unwissentlich abschrecken, indem sie etwa zu stark reagiert, zu eifrig ist, ihm zu gefallen, zu enthusiastisch wirkt, sich zu entgegenkommend oder zu offensichtlich verfügbar zeigt. Wenn ein Mann das Gefühl hat, dass er eine Frau erobern muss, wird sie dadurch attraktiver.

Jede Beziehung ist ein Geschenk

Jede Beziehung ist ein Geschenk, das uns Gelegenheit gibt, uns darauf vorzubereiten, unseren Seelengefährten zu erkennen und zu finden. Jedes Mal wenn Sie Ihr Bestes geben, einen Partner zu lieben, und sich dann die Zeit nehmen, die Beziehung mit Vergebung zu beenden, wächst Ihre Fähigkeit, die für Sie richtige Person zu erkennen. Ein gutes Ende sorgt für einen guten Neuanfang.

Mit jedem Mal werden Sie näher ans Ziel gelangen. Am Ende einer Beziehung ist es gut, noch einige Zeit über sie nachzudenken und erst dann einen neuen Anfang zu machen. Wenn Sie Dankbarkeit empfinden, sind Sie bereit, auf Ihrem Weg voranzugehen.

Selbst eine Scheidung vermehrt unsere Erkenntnisse. Wenn wir uns Zeit nehmen, unserem Partner und uns selbst unsere Fehler zu vergeben, dann kann unsere nächste Beziehung uns dem Ziel näher bringen. Wenn wir in jeder Beziehung das Gute ausfindig machen, werden irgendwann alle unsere Träume wahr.

Das gilt für alle unsere Beziehungen. Wenn wir uns Zeit nehmen, um zu vergeben und zu vergessen, erreichen wir, dass die Liebe in allen unseren Beziehungen wächst.

Der Winter der Liebe

Während der kalten, unfruchtbaren Wintermonate zieht sich selbst die Natur in sich zurück. Es ist eine Zeit der Ruhe, des Nachdenkens und der Erneuerung. In unseren Beziehungen erleben wir in dieser Zeit unseren eigenen, unbewältigten Schmerz, die Schattenseite unseres Selbst. Der Schleier wird gelüftet, und unsere schmerzvollen Gefühle kommen hervor. Es ist eine Zeit, in der wir uns einsam, jeder für sich weiterentwickeln, in der wir Liebe und Erfüllung mehr bei uns selbst suchen müssen als bei unserem Partner. Es ist eine Zeit der Genesung. Es ist die Zeit, in der Männer in ihren Höhlen Winterschlaf halten und Frauen auf den Grund ihres Brunnens sinken.

Um heil durch den Winter der Liebe zu kommen, müssen wir vorbereitet sein, indem wir Freunde und die Familie um uns haben, die uns Rückhalt geben. Und wir »tanken« uns selbst auf, ohne von unserem Partner abhängig zu sein, bis wieder eine Veränderung vor sich geht. Der Winter der Liebe vergeht, und der Frühling kehrt zurück.

Nach der dunklen Winterzeit der Liebe, in der wir uns selbst heilten, kehrt unaufhaltsam der Frühling zurück. Wieder erleben wir den Segen der Hoffnung und der Liebe und sehen uns einer Fülle von Möglichkeiten gegenüber. Nach der heilsamen Winterreise ins Innere unserer Seele sind wir nun fähig, unsere Herzen zu öffnen und den Lenz der Liebe zu fühlen.

Die Gabe der Liebe

Das Geheimnis der Liebe zu entdecken kann das größte Abenteuer unseres Lebens darstellen. Es bedeutet, jederzeit mit unseren Gefühlen im Einklang zu sein und jedem und sich selbst die ganze Wahrheit über sie einzugestehen. Lassen Sie diese Verpflichtung gegenüber der Wahrheit zu einem Angelpunkt in Ihrem Leben werden.

Je mehr Sie in Ihrem Leben die Wahrheit sagen, desto mehr lernen Sie, Ihren Gefühlen zu vertrauen und sie zu genießen. Mit etwas Übung werden Sie auf den Wellen der Gefühle reiten können, ohne gebremst zu werden oder Ihre Gefühle unterdrücken zu müssen.

Ihre Fähigkeit zu lieben ist die wertvollste Gabe, die Sie besitzen. Verschleudern Sie sie nicht. Betrachten Sie jeden Moment Ihres Lebens als eine Möglichkeit, Liebe zu geben und zu empfangen. Sehr bald werden

Sie einsehen, dass das Leben nun nicht mehr Kämpfen bedeutet.
Liebe funktioniert, wenn Sie wissen, wie Sie dafür sorgen können, und das wissen Sie nun. Machen Sie es sich zum Anliegen, dass Liebe in Ihrem Leben und in der Welt eine treibende Kraft wird, dann wird Ihr Lohn unermesslich sein.

Wie man um Unterstützung bittet und sie bekommt

Wenn Sie in Ihrer Beziehung nicht die Unterstützung bekommen, die Sie brauchen, kann ein wesentlicher Grund dafür sein, dass Sie nicht genügend darum bitten oder dass Sie auf eine Weise darum bitten, die nicht funktioniert. Um Liebe und Unterstützung zu bitten ist der Inbegriff jeder erfolgreichen Beziehung. Wer haben will, muss fragen.
Es gibt fünf Geheimnisse, einen Marsianer erfolgreich um Hilfe zu bitten:

1. Die Wahl des richtigen Zeitpunkts – Bitten Sie ihn nie um etwas, was er augenscheinlich gerade zu tun vorhat. Will er etwa gerade den Mülleimer hinaustragen, sagen Sie niemals: »Kannst du den Müll-

eimer ausleeren?« Er wird empfinden, dass Sie ihm einen Befehl erteilen. Die Wahl des richtigen Zeitpunkts ist sehr wichtig. Doch auch wenn er gerade völlig mit etwas anderem beschäftigt ist, erwarten Sie besser nicht, dass er sofort reagiert.

2. Eine anspruchsfreie Haltung – Erinnern Sie sich daran, dass die Äußerung eines Wunschs kein Befehl ist. Wenn Sie eine vorwurfsvolle oder fordernde Haltung einnehmen, wird er, wie sorgfältig auch immer Sie Ihre Worte wählen, keine Anerkennung für das fühlen, was er bislang gegeben hat, und wahrscheinlich »nein« sagen.

3. Kürze – Vermeiden Sie, ihm aufzuzählen, warum er Ihnen helfen soll. Gehen Sie einfach davon aus, dass er nicht überzeugt werden muss. Je länger Sie selbst Erklärungen vortragen, umso mehr regt sich bei ihm der Widerstand. Lange Erklärungen geben ihm nur das Gefühl, dass Sie ihm nicht zutrauen, helfen zu können. Er wird sich manipuliert vorkommen, anstatt freiwillig seine Unterstützung anzubieten.

4. Direktheit – Frauen denken oft, sie hätten um Unterstützung gebeten, obwohl das nicht stimmt. Wenn eine Frau Hilfe braucht, erklärt sie eher das Problem, als dass sie direkt um die Hilfe des Man-

nes bittet. Sie erwartet, dass er seine Unterstützung anbietet, ohne direkt darum zu bitten. Mit anderen Worten: Sie deutet indirekt ihre Bitte an, äußert sie aber nicht. Diese indirekten Aufforderungen führen dazu, dass ein Mann meint, er und sein Engagement würden für selbstverständlich gehalten und nicht anerkannt.

5. Die sorgfältige Wortwahl – Einer der häufigsten Fehler bei der Wortwahl bezüglich Bitten betrifft den Gebrauch der Wörter »könntest du« und »kannst du« anstelle von »würdest du« und »wirst du«. »Könntest du den Mülleimer ausleeren?« fragt nur nach der Befähigung. »Würdest du den Mülleimer ausleeren?« ist eine Bitte. Auf dem Mars bedeutete es eine Beleidigung, einen Mann zu fragen: »Kannst du den Mülleimer ausleeren?« Natürlich kann er das! Es geht nicht darum, ob er es kann, sondern ob er es will. Es kann passieren, dass er nein sagt, einfach weil er sich beleidigt fühlt.

Wenn Sie einen Mann um Unterstützung bitten und bei einer Weigerung nicht abweisend reagieren, wird er sich daran erinnern und das nächste Mal viel eher bereit sein, etwas für Sie zu tun. Wenn Sie andererseits Ihre Bedürfnisse schweigend aufgeben und ihn nicht um seine Hilfe bitten, kann er es auch nicht wissen, dass Sie ihn eigentlich brauchen. Wie denn auch?

Der Keim der Grösse

Der Keim der Größe ist unsere Fähigkeit zu wissen, zu sprechen und unser Wort zu halten. Eine unserer Kräfte liegt darin, unser Wort zu halten und unsere Versprechen einzulösen. Eine andere darin, dass wir diejenigen unterstützen, die uns am meisten bedeuten. Eine weitere Kraft lässt uns das aufrechterhalten, was uns gut und recht erscheint, und dementsprechend zu leben. Die größte Kraft ist die, die es uns ermöglicht, offenen Herzens zu handeln, zu denken und zu fühlen. Wenn unsere Herzen offen sind, können wir im Sinne unseres höchsten Ziels handeln, der Liebe.

Wenn wir in der Lage sind zu tun, was wir versprachen, verwirklichen wir nach und nach unsere Träume. Wenn wir in der Lage sind, unser Bestes zum Ausdruck zu bringen, ziehen wir das Glück an, das uns alle Möglichkeiten bietet. Wenn wir so handeln, fühlen und denken, wie es unsere Seele befiehlt, können wir Größe in unser Alltagsleben bringen.

Indem wir das Versprechen unserer Seele halten,

geben wir unserem Leben Bedeutung, Würde und Sinn. Die Ehe ist die Anerkennung dieses Versprechens, und eine gute Ehe ist die Erfüllung eines der höchsten Ziele unserer Seele. Durch sie stärken wir unsere inneren Kräfte, um die Liebe ein Leben lang zu bewahren.

Wenn ein Mann zupackt

Eine Frau liebt es, wenn ein Mann zupackt und eine Sache bis zu ihrem Ende führt. Das ist ihr sehr wichtig, denn die meisten Frauen neigen dazu, sich allzu verantwortlich zu fühlen. Je komplizierter und stressbeladener ihr Alltag ist, umso überlasteter und erschöpfter fühlen sie sich.

Eine Frau meint schnell, für alles und jedes verantwortlich zu sein. Sie kann sich erst entspannen, wenn sie diese Gefühle mit jemandem teilt, den sie liebt. Wenn sie dazu Gelegenheit hat, geschieht etwas mit ihr, und sie fühlt die Last der Verantwortung nicht mehr so schwer. Es ist, als lägen alle Probleme dieser Welt auf ihren Schultern, wenn sie nicht jemandem davon erzählen kann.

Wenn sie jemanden hat, der ihr zuhört, kann sie sich

entspannen; dann weiß sie, dass er sein Möglichstes tun wird, um ihr zu helfen. Vor allem aber kann sie darüber reden, und das ist für sie der wichtigste Teil seiner Unterstützung.

Empfangen lernen

»Bedürfnis« bedeutet, offen auf einen Mann zuzugehen und ihn vertrauensvoll auf eine Weise um Unterstützung zu bitten, die bereits voraussetzt, dass er sein Bestes geben wird. Dieses Verhalten bestärkt ihn. »Bedürftigkeit« bedeutet, verzweifelt Unterstützung zu suchen, obwohl Sie nicht sicher sind, ob Sie sie bekommen. Das stößt Männer ab, denn es gibt ihnen das Gefühl, nicht anerkannt und akzeptiert zu werden. Für Frauen ist es verwirrend, wenn sie andere Menschen brauchen, besonders schmerzlich aber ist es, wenn sie enttäuscht oder allein gelassen werden. Andere Menschen zu brauchen macht sie verletzlich.

Ignoriert oder enttäuscht zu werden schmerzt mehr, denn es bestärkt sie in dem Glauben, der Liebe nicht wert zu sein.

Wenn eine Frau erkennt, dass sie es verdient, geliebt zu werden, öffnet sie eine Tür für den Mann, damit er ihr gibt. Wenn sie aber erst nach zehn Jahren Ehe, in denen sie immer zu viel gab, erkennt, dass sie mehr verdient hat, wird ihr nur noch danach sein, die Tür zu schließen und ihm diese Chance nicht mehr zu geben. Womöglich fühlt sie etwas wie: »Ich habe dir so viel gegeben, und du hast mich ignoriert. Du hast deine Chance gehabt. Ich verdiene Besseres. Ich kann dir nicht vertrauen, und ich bin müde. Ich habe nichts mehr zu geben. Ich werde nicht mehr zulassen, dass du mich verletzt.«

Wenn einer der Partner eine positive Veränderung erlebt, verändert sich häufig auch der andere. Wenn Ihr Partner eine positive Veränderung erlebt, sollten Sie darauf achten, sie offen mitzuerleben und Vertrauen zu schenken. Veränderungen sind zunächst nicht stabil, sie sollten ermutigt, nicht auf die Probe gestellt werden. Fallen Sie Ihrem Partner nicht mit alten Feindseligkeiten in den Rücken. Wenn Sie stets aufgeschlossen für eine mögliche Veränderung bleiben, ziehen Sie wie ein Magnet genau das an, was Sie brauchen und sich wünschen.

Wenn der Schüler bereit ist, kommt der Lehrer. Diese vorhersehbare Fügung des Schicksals ist einer der magischen Momente im Leben. Sobald eine Frage gestellt ist, findet sich eine Antwort. Wenn die Venusierin bereit ist zu empfangen, ist der Marsianer bereit zu geben.

Wahre und dauerhafte Liebe

Wahre und dauerhafte Liebe gefunden zu haben bedeutet nicht, dass wir sie jederzeit fühlen können. Alles in der Welt folgt bestimmten Zyklen. Die Nacht folgt auf den Tag, die Gezeiten bilden Ebbe und Flut, und nach dem Auf kommt wieder ein Ab. Genauso öffnet sich ein Herz und schließt sich wieder. Unser Eheversprechen hilft uns jedes Mal wieder, unser Herz erneut zu öffnen, und jedes Mal, wenn wir dieses Versprechen unserer Seele halten, öffnen wir wieder unser Herz und folgen unserer höchsten Bestimmung.